大夏书系·教师专业发展

黄行福 著

智慧激励学生实用妙招

优秀教师必备的教育艺术

华东师范大学出版社
全国百佳图书出版单位
·上海·

图书在版编目（CIP）数据

智慧激励学生实用妙招：优秀教师必备的教育艺术／黄行福著 .—上海：华东师范大学出版社，2022
ISBN 978-7-5760-2759-4

Ⅰ.①智… Ⅱ.①黄… Ⅲ.①优秀教师—师资培养
Ⅳ.① G451.2

中国版本图书馆 CIP 数据核字（2022）第 053346 号

大夏书系·教师专业发展

智慧激励学生实用妙招：优秀教师必备的教育艺术

著　　者	黄行福
责任编辑	卢风保
责任校对	杨　坤
封面设计	奇文云海·设计顾问
出版发行	华东师范大学出版社
社　　址	上海市中山北路 3663 号　邮编　200062
网　　址	www.ecnupress.com.cn
电　　话	021-60821666　行政传真　021-62572105
客服电话	021-62865537
邮购电话	021-62869887　地址　上海市中山北路 3663 号华东师范大学校内先锋路口
网　　店	http://hdsdcbs.tmall.com/
印 刷 者	北京密兴印刷有限公司
开　　本	700×1000　16 开
插　　页	1
印　　张	13.5
字　　数	200 千字
版　　次	2022 年 5 月第一版
印　　次	2024 年 1 月第三次
印　　数	7 101-8 100
书　　号	ISBN 978-7-5760-2759-4
定　　价	55.00 元

出 版 人　王　焰

（如发现本版图书有印订质量问题，请寄回本社市场部调换或电话 021-62865537 联系）

目 录
Contents

第一章 巧用创意活动来激励

- 作文课上的头脑风暴　3
- 为父母设计新年礼物　8
- 开展"我遇见了……"活动　12
- 给学生表达的机会　16
- 给曾巩的一封信　21
- 创意环保方案　25
- 元旦晚会创意设计　30

第二章 打造理想教室巧润泽

- 教师以身作则巧引领　37
- 给班级取个性化名字　42
- 班歌歌词撰写竞赛中找到自我　46
- 制定班级公约与班训中提升自我　50
- 教室功能分区创意中体现自身价值　56
- 仪式感营造中促成长　60
- 争当打造理想教室的主人　65
- 在设计礼貌用语活动中得到温暖　70
- 与任课教师共育　75

第三章 让学生做最好的自己

- 让学生学会控制自己的感情 81
- 让兴趣成为学生的燃烧点 85
- 为自己找优势 89
- 试与过去比高低 94
- 帮助学生找自信的基石 98
- 让学生从积极交往中获得快乐 102
- 问题解决中彰显智慧 106

第四章 巧用评价助成长

- 作业评语交流 113
- 随机评价引领学生做好每件事 118
- 肯定性评价让学生看到希望 122
- 否定性评价让学生看到差距 126
- 阶段性反思中看到自己前行的步履 130
- 适当惩罚产生正面效果 136
- 正面评价弘扬正能量 140

第五章　适当授权与施压

- 课堂上的自选动作　147
- 让学生来我家借书　151
- "今天我当家"　155
- 全面放开作业批改权　160
- 从单向交流到双向交流　165
- 我让学生当老师　169
- 每周一节课自主学习　172

第六章　巧用心理学知识激励

- 积极观念让学生拥有幸福感　177
- 根据门槛效应制定合理的学习目标　181
- 根据瓦拉赫效应寻找学生智能发展的最佳点　186
- 运用共生效应，让学生互帮互助　190
- 利用鲶鱼效应，激活班级活力　195
- 根据贝尔纳效应为学生发展奠基　199
- 警惕晕轮效应，客观看待学生　203
- 警惕超限效应，掌握好尺度　207

第一章 巧用创意活动来激励

学生的成长是一个过程。这是常识，也是共识。

对青少年学生而言，他们处于未成年状态，需要教师的引导和激励。有了教师的引导与激励，其成长过程就可以缩短，可以更愉快。

创意意味着创新、创造，对传统的超越。教师通过创意活动，可以让学生在活动中、活动后均处于兴奋状态，提升学生的创新意识和创新能力。

优秀教师通过创意活动来激励学生成长，激活其内在积极性，是本职工作，更是重要使命。

作文课上的头脑风暴

我是语文教师,教学生写作是我的本职工作。

学生写作文,最大的难题在于没内容可写。因此,他们在平时的写作中,存在的最大问题就是为了达到规定的字数,这里摘一点,那里抄一点,七拼八凑,虽然好不容易凑够了字数,但问题多多,有的前言不搭后语,有的离题万里……费了九牛二虎之力,老师给的分数可能是不及格,或者重写,对他们的打击是巨大的。一些学生就是在这样的打击下,对写作、对语文学习失去了信心。

这样看来,打开学生的作文思路,是学生写好作文的关键。也就是要给学生"找米",有了"米",做饭就比较好办了。

1. 推陈出新

一些作文题目看起来比较陈旧,学生觉得以前写过,也阅读过他人的相关文章。实际上,一些陈旧的作文题,只要从新的视角着眼,还是挺有新意的,用好头脑风暴法便可以大有作为。

"我的老师"是个比较典型的旧作文题。一开始,学生感觉没有什么内容可写,因为他们原先写过。于是,我发动全班学生,重新审题:

师:你们觉得真没什么内容可写?其实,只要认真审题,就可以发现,完全可以常写常新。例如……

生:原先写小学老师,现在可以写中学老师。

生：原先写老师的教学工作，现在则可以写老师的生活世界。

生：原先写男（女）老师，现在可以写女（男）老师呀。

生：关键是要找到最能体现老师特点的内容来写，例如老师的脾气、老师的特长、老师的穿着……

生：还可以写老师的服饰，通过写老师的服饰就可以折射出老师的生活态度、老师的心灵世界等。

生：可以写老师的工作或生活中的一个片段，由片段来体现老师这个人。比如某某老师，总是在上课前几分钟就到了教室门口，等着打上课铃，而有的老师呢，一定要等到上课铃响后才出现在教室门口，甚至还要迟到几分钟。

师：你观察得很仔细，也很有思想，喜欢从一些小事情中看出人的精神面貌，这很好，相信一定能写出好的作文来。

生：我发现同样是语文老师，他们批改作文的态度就不相同。有的老师，每次批改，只是简单地写一下"及格""良""优秀"之类的评语就了事；有的老师呢，不仅写了详细的批语，给出了分数，还对作文中的一些错别字、病句等进行了提示或修改。这也是非常值得写的内容。又如物理老师，初二的物理老师很少做实验，初三的物理老师就常常带领我们去实验室做实验。通过亲手做实验，我们对一些物理现象有了深刻的体验，更容易理解，更能激发我们的学习兴趣，学得更扎实。可以说，我爱上物理课，就是从做实验开始的。我要感谢我的初三物理老师。

……

老树发新芽。一个老的作文题，竟然可以让学生一下子有了那么多想法，让我始料未及。这些想法，基本上都超出了他们原先所写，这从他们的发言可以看出来。可以说，在此次头脑风暴之后，"我的老师"这一作文题，已经一改他们原先头脑里的刻板印象，变得丰富、立体起来。

果然不出所料，从学生交上来的作文来看，基本上能够超脱出原先的视角，走出原先的窠臼，写出了更有新意的、更富有特色的《我的老师》。尤其是受到案例中后两位同学的启发，很多学生都注意到了从细节上表现老师的个人魅力，以及老师的工作态度、工作作风。例如，有一位学生写的是自己的班主任，她没有直接写班主任如何负责、如何称职，而是写他每天晚自习后，总是特意来到教室，查看学生的学习情况，并解答学生学习和生活中的疑难；还写了老师坚持在学校熄灯铃后来宿舍查夜的情形。两个片段，表现了班主任认真负责的工作态度，孜孜不倦的工作精神。

2. 为书取名

多年来，我都有一种做法：为每一届学生出一本书。具体做法是：在他们毕业前，让他们把自己三年来写得最满意的一篇作文选出来，并且自己进行修改。全班收集起来之后，为他们出一本作文集，每人发一本。对此事，学生积极性比较高。因为他们明白，自己的作文选入了书，就成为永久性的，全班同学以后都可以阅读到，可以唤起每位同学的无限回忆。

为书取一个怎样的好听的名字呢？我专门用了一节课，让每一位学生都为书取一个好听的名字。学生们非常感兴趣。思考片刻后，我让他们每人都把自己的想法写在黑板上。全班50名同学，都在黑板上写上了自己的想法，有几位同学还写出了好几个书名。

哪位同学的最合适？不是我说了算。我让学生来评议，最后只剩下三位同学的想法。但一本书不可能拥有三个书名，必须删除两个。我仍然坚持学生做主。进过一番评议，最后剩下的是：聆听心音。大家一致认为这个题目好，可以表达同学们的心声，又富有诗意。

由老师来确定书的名称，不是不可以，而是欠妥当。不妥之处在于：由教师全包下来，调动不起学生的积极性，学生的大脑处于抑制状态。此时的学习，很难有好的效果。

从实际效果来看，发动学生积极参与，深度参与，把他们的积极性调动起来，他们不参与都不可能，也就是欲罢不能。虽然各人所提出的书名存在水平上的巨大差异，但通过这样的活动，可以让学生在语言文字的密林里经受一次锻炼，素养得到提升。虽然大多数学生的想法被否定了，但正是从这个否定的过程中，他们看到了自己的不足，也发现了他人的优势，从而立下发奋志。

3. 一题多作

所谓一题多作，就是一个作文题写多篇内容、体裁相异的文章。一次，我布置学生写《我们的教室》，且要求一题多作。

一开始，学生显出畏难情绪。我设法打开他们的思路：

师：写《我们的教室》至少可以写出三篇，内容分别是现在的教室、原先的教室、未来的教室。

生：老师，我明白了。

生：写现在的教室，相对容易。因为我们天天坐在教室里学习，对教室比较了解、熟悉。写原先的教室，可以写自己原先在里面读过书的教室，比如小学的教室、上初中后待过的教室；当然，还可以写现在这个教室的前身……

生：未来的教室呢，不一定就是我们现在这个教室的未来，可以是所有未来我们可能在里面学习和工作的教室，比如未来我当了老师所在的教室。

生：写原先的教室，如果写的是自己原先读过书的教室，没什么难度；如果写现在这个教室的前身，可能自己不了解，就需要通过查阅资料、走访等方式了解。而写未来的教室，就完全靠想象了。

师：未来的教室将是怎么样的呢？

生：玻璃墙、玻璃桌子、玻璃黑板、玻璃凳子……

生：教室里应该安装了探头，对学生的上课表现进行监控；没有了课本，每人一台平板电脑……

师：同学们的想象十分丰富。对于未来教室是什么样子，大家尽可以充分发挥自己的想象。

……

从实际效果来看，学生的作文比预想的要好。

原先的写作，大多是学生仅凭个人能力去完成，内容单薄，文句干涩。而此次的作文，不论内容还是文句，都超出以往。

这就是头脑风暴的实际效果。

教学需要创意活动，这不仅是教学本身的需要，也是学生成长的需要。实际上，不论什么教育教学内容，都存在着一个怎么教的问题。即便是作为一名班主任，你拥有了学生感兴趣的内容，也存在着采用怎样的方法去教好的问题。再好的内容，教学方法不合宜，效果也就不会很理想。

就该节课而言，理想的作文效果源于头脑风暴这一恰当的方法。头脑风暴具有这样几个特点：一是现场感强。一群人同处于一个特定的情境之中，就有一种强烈的现场感，谋划同一个感兴趣的问题。二是相互碰撞，相互启发。这点特别重要，这也正是同处于一个现场所产生的效益。面对同一个问题，原先想不通，在他人的启发下，就容易产生思想的火花，新点子就易于产生。只要其中一个人拥有新的思路、新的观点，在他的启示下，其他同学的思路马上就跟进，甚至远远超出了"抛砖者"的思路，走到了更远、更精彩的思路上去。例如在第一个案例中，当第四、五两位学生有了新的思想火花之后，马上就引爆了其他同学更多的想法。其他两个案例的情形也相似：只要一位同学有了新的想法，就会触动其他同学的某一根或几根"神经"，接下来就是其他同学新的思路、新的想法、新的点子的涌现。可以想象，处于此种场景中的学生，不思考都不可能，不发言都不可能，不涌现新的想法都不可能！

为父母设计新年礼物

父母对学生有养育之恩，是学生的第一任老师。优秀的教师，要善于利用这一宝贵的资源，为学生的成长创造积极的条件。多开展有创意的活动，能够让学生获得成就感，使他们在愉快的过程中，收获成长与进步。

新年，新旧交替，是一年之始。此时，可以设计出富有创意的活动，让学生送别出心裁的礼物，向父母祝贺新年。

新年前，我开展过一次主题班会。班会的主题是：新旧交替之时，你准备好给父母亲的礼物了吗？

我这么一问，一些学生竟然感到惊讶。还要给父母亲送礼物？这些学生，常常在自己生日或过年时收到父母送的礼物，却从来没有想过要给父母送礼物。

于是，他们纷纷议论：送什么礼物才能让父母亲高兴呢？这是大多数学生从来没有考虑过的问题。

一开始，有学生提出，想送点贵重的，体现自己对父母的尊重与感恩，但自己本来就缺钱，送不起。

经过一番讨论，他们认为，给父母送新年礼物，要考虑很多因素，例如父母的爱好，父母最需要什么，父母的愿望，父母目前的身体及其他状况……最后，我要求：各人发挥自己的特长，新年礼物必须自己亲手制作。一周后全班评议。

一周后，每位同学都拿出了自己准备送给父母的新年礼物。有拿出自己的考试成绩的，有展示自己的小制作的，有自己动手制作枕头的……我让他们走上讲台，一一展示自己的礼物，并解释为什么送这样的礼物。

李娜：我的新年礼物是自己本学期考试最好的一次成绩。父母对我抱有很大的期望，希望我中考时，能够考出好成绩，将来考上好大学。我想，用自己的优秀成绩作为礼物，父母会高兴的。

黄理想：我的特长是写作文，我想选一篇自己平时写得最好的作文，作为自己送给父母的礼物，应该是比较合适的。作文的主要内容，写的就是父母平时劳动的艰辛，以及自己的深刻感触。父母读了之后，会理解的。而且，我觉得，送礼物一定要让父母感到称心如意，才能起到礼物应起的作用。

傅馨：为了送出父母最满意的礼物，我自学剪纸，用红纸剪了"新年好"三个字，向父母祝贺新年。我父母都是普通农民，他们一年到头劳作，都非常辛苦。我想让劳作了一天的父母一回到家就能看到他们心爱的女儿亲手剪出来的东西，帮他们消除劳累，让他们感受到生活的幸福和温暖……

师：为傅馨同学理解父母的举动感到高兴。你是一位善解人意的孩子，你的父母一定会高兴的。

李辉：我亲手做了一个枕头。制作前，我偷偷地量了一下父母的枕头的尺寸。我做的这个枕头，比他们现在用的，硬度上要好一些。爸爸妈妈那么辛苦，我想让他们晚上睡个好觉，好好休息。（他把自己制作的枕头，从各个角度展示给全班同学和老师看。）

师：李辉真实个孝顺的孩子。其实，孝顺并不需要付出多少金钱，只要我们在生活中注意观察，多替父母亲想一想，解除他们的忧虑，就是最好的孝顺。

……

礼物的展示，毕竟还只是一个想象的过程，想象着父母亲的态度。要想了解父母亲对孩子所送礼物的态度，还需要确认。

元旦过后，我通过多种途径，向他们的父母确认送礼物的情况。结果，大多数父母都反映，没想到自己的孩子那么懂事，那么懂得体谅父母。

活动收到了预期的效果，达到了预期目的。

为什么能够达到预期目的？原因如下：

（1）活动本身的新颖。目前，课堂上的活动多多。很多老师何尝不希望自己的工作得到大多数学生的喜欢，只是他们所采取的措施比较老旧，缺乏新意，对学生而言就缺乏吸引力，激发不起他们的学习兴趣。给父母送新年礼物，此类活动其实也不算很新奇，有很多老师开展过。本活动之所以受欢迎，是因为突出了创意，凸显了学生的主体地位，发挥了学生的主体能力，让学生深度参与。

（2）活动本身的趣味性。中小学生理性思维还不成熟，意志力不强，因此活动本身的趣味性就显得尤为重要。

以往，学生更多的是收到父母送的生日礼物、新年礼物，享受到收获礼物所带来的快乐。现在，要求他们给自己的父母送新年礼物，这活动本身就让他们感到新鲜，感到有趣。更有趣的是给父母送什么礼物。父母是他们成长过程中最为重要的人物，他们天天接触，天天打交道。可以说，他们与父母的关系是密切的，对父母是了解的。但是，现在要他们给父母送礼物，却让他们感到措手不及。送什么礼物才能让父母高兴？这是让他们焦虑的问题。弄不好，花费了时间和精力，父母却不高兴。最敏感的问题是：是否花费越多，父母就越高兴？仅仅这个问题就很值得他们去细细琢磨。他们又不好直接去问，只有靠他们自己去揣摩。

思考与琢磨这样的问题，可以训练他们心目中装有他人，而不仅仅只有自己；可以使他们学会与他人和谐相处，在乎他人的存在，琢磨他人的感受……这本身就是一种进步，一种成长。

他们虽然从小就与父母生活在一起，但对父母的性格、爱好、真实的内心想法等，可能并不十分明了，需要他们去观察与琢磨。带着疑惑思考与琢磨，就是在实践中锻炼与培养能力。

（3）培养能力。学生送礼物欲达到使父母满意的目的，需付出自己的个人努力。这就需要把父母的满意与自己个人的特长联系起来考虑。尤其是在自己没有特长，没有个人爱好的情况下，学生需要尽力而为，使自己在某一方面有所进步。

案例中，拥有写作特长的学生，就把自己的写作特长展示在父母面前，让父母在一元复始时，就看到孩子崭新的一面。学习成绩优秀的，就把平时考得最好的一次成绩展示给父母。喜欢画画的，可以送一幅画给父母，以表达自己对父母的新年问候与祝福。学会了剪纸的，就剪出让父母高兴的作品……

一开始，一些学生存在畏难情绪，认为自己什么也不会，感觉到自己一无所长，不知怎样做才能让父母满意。这就促使他们去深刻反省自己，然后突破自己，为自己的人生定位。实践证明，类似的活动的确让个别学生看到了希望，在毕业后的人生道路上，沿着此次活动所发挥的自身能力发展。那位送给父母剪纸的学生就是这样。当初的那次剪纸，竟然奠定了她此后的人生道路，走上了与剪纸相关的美术之路。现在，她凭着自己的绘画能力，开创了自己人生的新天地。

（4）延伸出系列活动。此次活动之后，一些学生在逢年过节时，总会自己动脑与动手，设计一些他人意想不到的东西，比如新年拟对联、新年插花、设计年夜饭的开场白……一位家长说，年夜饭有个开场白，增强了新年的气氛和仪式感，让过年更富有年味了。

开展"我遇见了……"活动

"我遇见了……",这是一个纯粹的想象活动,想象自己所遇见的人或物。

这是一个很有趣的课题。有趣在完全可以自由想象,只要不是太过荒唐就行。

这样的活动,可以培养学生的想象力,培养学生的创新精神。丰富的想象力,需要长期训练。

一个想象力丰富的人,通常是一个有趣的人,一个受欢迎的人。

"我遇见了……",遇见的对象不确定,这本身就给想象者以巨大的想象空间,它可以是人,也可以是物。

1. 我遇见了"我"

对于后面的"我",学生会觉得奇怪:难道这个"我"就不是我了?我告诉他们:后一个"我"就是指自己。不过大家可以充分发挥想象,这里的"我",可以是原先的"我",也可以是几十年后的"我"……

生:还可以是克隆的"我"。

生:克隆的"我",可能不完全相同于现在的我。当我遇见这个"我"时,会是怎样的情形?

生:我所想象的"我",是一个腰缠万贯的大款。那么。当我遇见那个"我"时,现在的我会有怎样的反应?那个"我",会有怎样的态度?

生:我所要遇见的"我",应该是幼儿时代的"我"。"我"天真、活泼，无忧无虑，对世界充满好奇，充满希望。当今天这个满心忧愁、处在重重压力下的我，遇见"我"时，彼此会有怎样的心理？怎样的态度？怎样的行为？我希望自己不要长大，希望自己永远都是那个长不大的"我"，无忧无虑，无烦无恼，多快活呀。我想，反差是很大的。

师：后面那个"我"，大家可以尽量发挥想象。大家还可以想象在哪里遇见，在什么样的具体情形下遇见。是一个人遇见还是几个人遇见？遇见的时候，我在干什么，"我"又在干什么？这些，都很值得琢磨。

生：我想象，我是在考试时遇见了另一个"我"，那是20多年后的"我"，已经是一位大学教授了。"我"有着高工资，有着教授的光环，还有等身的著作……这是一种怎么样的情形？

生：我的想象是，20年后的"我"遇见了现在的我。那个时候的"我"，成熟，事业有成，有诸多美丽的光环……

生：我遇见的那个"我"，是一个与我性别不同的"我"。我是男性，那个"我"就是女性；我是女性，那个"我"就是男性。

生：那个"我"，还可以是一个死而复生的"我"。

……

这样的活动，可以激发学生的想象力，充分激活他们的大脑。这里，关键在于那个"我"是一个不确定的"我"。对现在的我而言，"我"本身就是一个谜一样的存在。这是学生最大的兴趣点，也是最让学生心动的兴趣点。好奇心驱使学生去认真思索，去充分挖掘。班上的任何一位学生，只要他或她稍微动动脑筋，就可以想象出一个个性、特色鲜明的"我"，然后再想象与那个"我"相遇。尤其是想象克隆之"我"、异性之"我"，非常有趣。这两个崭新之"我"，可以大大刺激学生的大脑。再想象自己与那个克隆之"我"、异性之"我"的相遇，就可能引发出一系列有趣的故事，学生的心灵世界就可以比较全面地敞开。此时，他们即使再不愿意思考，兴趣都会推动他们奋力向前。

2. 我遇见了一个历史人物

这个历史人物，一般而言，首先想到的是对中国历史有着巨大影响的人物，如孔子、老子、庄子、秦始皇、汉武帝……当然，还可以是历史上的反面人物，比如秦桧，或者外国历史上的人物。但不论是谁，必须是一个自己熟悉的人物，不能只凭兴趣。

我们班开展的是"我遇见了秦始皇"活动。之所以选秦始皇，一是学生对他的了解稍微多一些，历史课本上就有简单介绍，学生只要稍微努力查阅相关资料，就可以了解得更多；二是对中国历史影响大，秦始皇的历史功绩家喻户晓，秦始皇对历史的负面影响同样为人知晓；三是时间跨度大，完全拉开了与当今学生之间的距离。

课堂上，学生们积极发言：有的说，秦始皇是历史上的著名皇帝，历史书上说他统一了度量衡，统一了车辆轨道，统一了文字，建立了中国历史上第一个统一的政权。有的说，秦始皇杀了那么多的读书人，对读书人极不尊重，充满着血腥。还有的说，秦始皇是个真正的男子汉、英雄，建立了那么宏伟的大业，值得我们尊敬。

秦始皇毕竟是距我们两千多年的历史人物，今天的学生，与他有着隔阂，拥有可能完全不同的文化个性。他们相遇，是很有意思的。有学生认为：假如自己与秦始皇相遇，一定要预先想好说什么，怎么说，否则脑袋可能就搬家了。有学生说：我倒是觉得他并不那么可怕，我可以与他聊聊生活琐事，比如读什么书，到过哪些国家，那些国家的具体情形怎样……有学生说：假如我遇见了秦始皇，我不会与他聊很多，我会直接让他派人引我去见见他的后代，我的同龄人，了解了解他们的生活和学习状况，尤其是向他们请教学习文言文的方法，以提高自己学习文言文的效率。例如，在他们那个时代"我""吾"怎样区别，"之"到底有多少种含义等，我有一肚子的问题需要去问问。很显然，后两位学生避开了敏感话题，从实质性的日常生活和学习中的问题切入，没有掉脑袋的威胁，又满足了自己的好奇心。而且，话题越小，越有内容可写，不至于大而无当，他们毕竟还只是中学生，对那个时候人物的理解和把握，还达不到相应的深度和广度。

而当他们从自己感兴趣的日常生活和学习切入时，问题就变得简单多了，也有趣多了。还有的同学在他人启发下，带着自己日常学习和生活中的疑问，直接向秦始皇发问，诸如怎样与父母相处、怎样才能提高自己的阅读速度等。

熟悉与陌生，这是相对的语词，表示了人们对特定对象的熟悉程度。一般而言，越是熟悉的对象，人与之相处，越是无话可说；相反，越是陌生的对象，心理距离越大，就越有话可说。开展"我遇见了……"活动，老师一定要注意选择那些与学生距离比较大的人或物。如果是一些原先已经很熟悉的对象，一定要想方设法使之陌生化。例如上述案例中的秦始皇，可以说是个家喻户晓的人物，可以从两千多年前的日常生活和学习去切入，而不是简单化地按照历史课本中的介绍去理解，去交往。可以想象，我们今天生活和学习中所遇到的问题，那时候也有可能遇到。历史时期不同，具体生活情境不同，但所遇到的问题则可能相同，这就有了交往与对话的基础，就拥有了交往的共同话题。

陌生化是基本的活动要求。

可以说，"我遇见了……"之类的活动，是比较受学生欢迎的，可以与学科教学结合起来，班主任也可以单独运用。我的经验是，与课程教学融合起来运用，可以双赢。而且，班主任也一定是任课教师，完全有条件。尤其是文科教师，有着得天独厚的条件。实际上，理科教师也有这样的条件，只是对教师的要求高一些罢了。例如可以把相关的知识与知识的创立者相联系：物理课上开展"我遇见了牛顿"活动，化学课上开展"我遇见了门捷列夫"活动，把有关的知识与人物联系起来，向他们提出学习或生活中的有关问题，或者与他们交流发现有关定律、原理时的想法与做法。这类活动可以培养学生的科学创新意识与创新能力。这也正是我们原先的理科教学中特别缺乏的。

想象力的培养是门大学问，需要我们在实际工作中去探索，去摸索。而开展"我遇见了……"之类的活动，是很有实践意义的。

给学生表达的机会

"烂班""差班""劣班"……这是一些学生对自己所在班级的整体评价。这样的评价,我们并不陌生,甚至还可能耳熟能详。

这些学生把自己所在班级叫作"烂班""差班""劣班",说明他们对什么样的班级是好班级,心里自有标准。不仅如此,对怎样才能管理好班级,一些学生也有自己的一套办法,只是缺乏合适的机会展示而已。

怎样让他们把自己对班级管理的设想变成现实?至关重要的第一步就是让学生把自己的想法告知他人。这里的他人,显然就是班上的同学与老师。

1. 完不成作业可否告知家长

一些学生不把学习当回事,常常完不成作业,老师三令五申,他们却当作耳边风。现在,很多老师最管用的法宝就是与家长联系,让家长去处置。这样的做法,家长是欢迎的,但学生反对。原因并不复杂,家长一旦知道了孩子完不成作业的详情,学生回家后就得挨骂或挨打。老师则夹在家长与学生中间,左右为难。

针对这种情况,我干脆把这个问题抛出来,让学生们自己去甄别,去拿主意。

一周前,我就布置学生做好演讲准备,一定要把自己的想法真实地展示出来。

班会课上，学生们一个个闪亮登场：

生：不告知家长，家长不了解孩子在校的学习情况，到时候学习成绩不理想，会招致家长的抱怨，他们会抱怨老师不称职、不负责，甚至还可能导致家长与老师之间的矛盾。所以，应该告知家长。

生：我以为还是不告知家长好，毕竟可以为学生保守一点秘密。有的同学可能会因为老师把自己的表现告知家长，自己在家里丢了脸而怨恨老师，还可能导致与老师之间的冲突。一些地方学生与老师的矛盾，就是由这样的小事引起的。

生：我认为可以告知家长，但要注意方式方法、告知的程度等。很多情况下，老师不加选择地一股脑儿把学生的所有表现均告知家长，甚至还添油加醋，虽然老师的出发点是好的，绝对是为了让我们好，但这样做却可能伤害了学生。

生：老师如果平时与家长多沟通，即使告知了家长，家长也不会感到突然，对我们学生也有利，家长就不至于生气发火。

生：我赞成老师告知家长学生作业完成情况，但最好不要在公共场合，不要公开，让父母亲知道就行了，否则，会让我们丢面子。

可以说，绝大多数学生还是赞成把学生作业完成情况告知家长的，说明很多学生理解老师的良苦用心。把班级管理中的问题交给学生去讨论，实际上就是让学生直接参与班级管理，参与原先由老师承包下来的班级管理事务。

俗话说"不当家不知柴米贵"，没当过班主任的人，总认为当班主任容易。原先，很多学生常常埋怨班上问题多，没管理好。现在，班主任把难题抛给学生自己，可以让他们体验一下解决此类问题的难处。班上一些学习态度较差、完不成作业的学生，对老师的做法意见很大，以为老师是在向家长打黑报告，是在向家长说他们的坏话，因此对班主任有意见，个别的还在班上兴风作浪，藐视班规。现在，把问题交给了他们，让他们出点子、出主意，贡献出自己的智慧，可以让学生直接体验到班主任工作的复杂与艰辛，可以相应减轻班主任工作的负担，可以让学生养成遇到问题自己解决的习惯。

　　此类活动，最怕的就是一般化，笼统化。如果把它与班级管理中的难题结合起来，就富有针对性，又与学生的日常学习生活联系起来了，学生的积极性就更高。像"学生完不成作业可否告知家长"之类的问题，就是非常具体而又切实的问题，与班上的每一位学生都直接相关，可以牵动每一位学生的神经，他们在课堂上的活跃程度就是最生动形象的注脚。

　　班级管理中的难题很多，班主任可以有选择地开展此类活动。

2.向老师说心里话

　　这是我在每一届学生当中都要开展的一项活动，是传统保留项目。一般而言，我都是在准备开展活动的前一周就先布置下去，要求学生在一周时间内写好演讲稿，到时候再进行演讲。

　　下面是某次活动的一部分：

　　师：向老师说心里话，这是你们今天的演讲主题。同学们，请把你们的心里话说出来，说给老师听。而且，说真心话，说真实的话。可以是对老师教育教学方法的意见，可以是对老师好的形象、好的做法的称赞，也可以是对班级管理的意见和建议……

　　生：对老师的心里话，我有很多。但最想对老师的说的是：老师请您注意一下自己的形象，注意自己的行为举止。……

　　生：×老师，我想对您说：请您不要总是把自己当成高高在上的人，应该放下您的身段，与我们好好说话，与我们平等对话。不要老是一脸的严肃，一口的教训。您的一些做法，已经把您与我们隔开了。所以，有的同学故意在您的课堂上与您作对，与您"为敌"，您可能还没有意识到吧？

　　生：黄老师好！我是您的崇拜者，您作为语文老师，常常把您自己的学习体会、学习经验与我们交流，让我们开阔了眼界，也把您自己摆在了我们中间，仿佛成了我们中的一员。黄老师，我最喜欢读您自己写的文章，您让我们看到了一位真实的老师，一位实实在在的语文老师，而不是那种随便从网上下载一篇文章，署上自己的名字，再拿到班上来读的老师。那样做，与骗子有何不同？老师，我就是被您改变了的！老师，感谢您！

生：×老师，您是我们的数学老师，您的学问，您的解题能力，都没得说，我们佩服。但您却过于严肃，过于认真，也过于较真。老师，您对工作、对教学认真，是必要的，也是必须的。但您常常与犯错误的学生较真，这是非常值得商榷的。试想想：我们都是一些小毛孩子，很多情况下我们做了错事，真不是故意的，有时纯粹是一种恶作剧，您却过于认真了，认为我们思想品德存在问题，还不容我们争辩。结果，就会闹得不欢而散。大家都心里有气。

老师，愿我们都给自己的人生留下一段美好的记忆吧。

师：你提的意见和建议很好，我会负责把你的这些建议带给她的。我也真心地希望我们班的同学与每一位老师有着良好的关系。请继续！

生：黄老师，您是我们的班主任，对于班上的管理，可以说您是负责任的。这些，我们都看在心里，但是，老师您是否知道，您的温柔的性格，让一些同学以为您是软弱可欺的。他们有时候故意与您作对，惹您生气。我知道，这是绝对不应该的。老师，该强硬的时候，您一定要强硬，对班上的一些同学的行为，不要过于软弱，过于慈爱。您这样的态度，无疑是助长了他们的气焰，给了他们一个错误的信号：以为可以为所欲为，肆无忌惮。有些时候，我实在是看不下去了。不知道您本人是否意识到？

师：×同学，谢谢您的提醒。我以后会好好把握分寸的。但我要纠正你的一个说法，我的性格不是温柔，而是我比较宽容，不计较。再次感谢你的善意提醒！

……

没想到，一些学生非常真诚，非常善良，也非常率真。他们对老师说的，都是心里话。从他们的话语中，我们听到了真诚的意见和建议。

平时的学习和生活中，学生可能也对老师有许多心里话要说，但是，我们没有给他们机会，没有给他们提供良好的时机与场所，所以，表面的平静隐藏了学生心中的不满，也压抑了学生内心世界的蓬勃与激扬。如果一直都不给他们机会，就很有可能导致师生间的冲突与抱怨。

给学生说话的权利，为学生创造说话的机会与环境，这就是今天的老师们应该殚精竭虑去做好的。我的实践充分证明了这一点。

有的学生有说的特长、写的才能，各门课程的教学都有责任为学生的特长与才能的发挥创造条件，语文老师、班主任就更不必说，负有更多、更大的责任。更何况，这是一举多得的事情！学生把自己的心里话说出来，心里就舒坦了。如果说个别学生对老师可能有点积怨，倾诉出来就没事了，师生关系可能就改善了，班级管理可能就改善了，学科课堂可能就更精彩了。

这样的好事，我们何乐而不为？

给曾巩的一封信

曾巩,唐宋八大家之一,江西省南丰县人。曾巩是我们南丰人的骄傲,南丰人也一直以有曾巩这样的大才子而自豪。在南丰人的心目中,曾巩一直都是一座让人难以企及的高峰。

很多南丰籍的学生,都有向曾巩学习的热切愿望。但向曾巩学习什么呢?他们对这位大文学家了解得并不多,对有的学生而言,可能还需要扫盲。于是,我专门用了一节课时间,向他们介绍了曾巩这位大名人。

当然,曾巩作为一位大文学家,可以介绍的方面很多。我选择了如下内容进行介绍:曾巩的生平、家族、文学成就、个性特征、交往世界、生命中最重要的他人等。学生了解了这些,对曾巩就有了基本的了解。对他们而言,写一般的文章,就不会存在什么大问题。

2019年是曾巩诞辰一千周年。在他的故乡南丰县,举办了系列活动来纪念这位伟大的散文家。我利用这个机会,让学生写一封信给曾巩,用学生特有的方式来纪念他。

既然是写信,就一定存在一个写什么的问题,也就是书信的内容问题。我先是让学生自己琢磨、思考,然后让他们进行交流。结果,他们不是结结巴巴,就是一般性地说些客套话。很显然,他们心里没数,只能凑合着应付。如果这样,活动的意义与价值就不大,开展与不开展活动,没什么两样。此时,就需要老师的点拨与提醒。怎么提醒?我主要是围绕着怎样引导学生深入思考来进行。找准深入思考的切入口是至关重要的。那么,切入口在哪?我明确告诉学生切入口有很多,但带着问题去思考最为重要。什么问题?一是你自己本人的问题,二是想象曾巩有什么样的问题。

先说自己本人的问题。从学生的视角,向曾巩请教自己在生活与学习中所遇到的问题,并且要设身处地想象一千年前的曾巩能够回答哪些问题,哪些问题他可能回答不了……比如怎样才能写好文章,这是一个很有价值、很有意义的问题。其他问题诸如:写文章需要修改吗?怎样进行修改?学习与成长中的烦恼如何向大人们表达?

再说曾巩的问题。他虽然是文学大家,但他在中举前,活得并不光鲜,反而比较困顿。在中举前多年的艰苦生活中,他一边艰苦劳作,一边学习,一边从事文学写作,异常辛苦。32岁才结婚,是个典型的大龄青年,差点成了光棍。在曾巩的奋斗历程中,一定有着困扰他的问题,让他心力憔悴。在信中可以向他提问,问问他遇到了哪些困难,又是如何克服困难、战胜困难的。

当然,我们也不必把学生的思路限定在如此狭窄的范围之内,在老师的启发下,如果学生有不同的,甚至更好的想法,也可以作为信的内容。

从学生交上来的信来看,大部分学生都能够既按照信件的格式,又带着问题去思考与写作。那些提不出任何问题的学生,写得就比较一般。

下面是一些学生信件内容的摘录:

1.您我相隔千年,早已阴阳两界了。但您在我们的心目中,早已打上了深深的烙印。您是南丰人的骄傲。您家的老宅,都还能找得到。

2.得知您在中举前十多年的艰苦生活中,勇敢挑起了一家人的生活重担,您是怎样走过来的?我想向您学习,以您为楷模。当时是凭着什么精神走过来的?

3.写好文章,让自己的文章能够引起名人的关注,是我的一个小小的目标。在您还未出名前,就引起了欧阳修这样的大文豪的关注,从此您一炮走红,名满天下。您是怎么走到这一步的?能告诉我吗?

4.您生活的那个时代,社会还不发达,您的两个小女儿在两三岁的时候就去世了,引起了您的悲痛。请问那个时候,一般百姓是怎么治病的?是不是吃点草药就行了?那个时候,一般百姓能够活到多大岁数?虽然那时没有统计局,难以拿出比较全面而准确的数据来说明,但估计一下还是可以做到的。

  5.王安石也是抚州人,而且,你们还是亲戚。你们经常在一起切磋文章写作技艺吗?经常来往吗?而且,据说你们两人后来的关系不是很好。真是这样吗?什么原因呢?

  6.著名的曾家大才子,您好!我也姓曾,但我不怎么喜欢学习,成绩也差。所以,班上同学总嘲笑我枉姓了曾,往曾家人脸上抹了黑。但我不在乎他们怎么说,怎么笑。我也不认为学习成绩差就什么都差,一差百差。您认为我的想法对吗?您那个时候考不上的人,人们又是怎样对待的?能告诉我吗?

  作为初中学生,能写到这种程度就算可以了,我们不必过高要求他们。
  这个活动有一定难度,但从学生的作文看,很多人是认真对待的,写出了值得一读的文章。
  地方文化资源,是极好、极优秀的教育资源。如果不是语文老师,完全可以与语文教师联手,开展有益的活动。
  每个地方,其实都拥有丰富的文化资源。像我们南丰,除了出名人,还有民俗文化,南丰跳傩就是其中之一。我常常把那些特色鲜明的地方文化引入课堂,让学生了解、深入思考,从而充实教育教学内容,开阔学生的眼界,激活他们的思维,锻炼他们的大脑与口头或书面表达能力。例如,我曾经把本地社戏引入到教学中,引导学生自己去采访当地的文化传承人、富有学养的老人,形成调查报告、访谈录。
  从他们所写信件的内容看,基本上能够比较准确地提出与切入问题,写出自己真实的内心想法。这本身就是一大成效。还有的学生能够充分发挥自己的写作特长,写出了几篇质量比较高的作文。更重要的是,此类活动的开展,让学生参与家乡的文化搜集与整理,了解家乡富有地方特色的文化资源,从小就把自己家乡的文化融入心中,从而激发热爱故乡的感情。
  作为一项活动而言,之所以能够激发起学生积极参与的兴趣,一个重要原因就是,曾巩是本地的文化大名人,可以吸引学生的眼球。再者,曾巩是千年前的人,作为今人与他对话、与他谈心,是十分有趣的事。这就促使学生赶紧运用自己的大脑,去思考什么问题才能让那位大才子感兴趣,愿意与自己交流,与自己对谈。活动的意义远远超出了写信本身,惠及了学生整体素养的提升。

  此类活动,可以随时进行。班主任或任课教师都可以利用课本内容或地方文化资源,开展向某某写一封信的活动。收信人可以是古代人,可以是现代人,还可以是外国人,例如"给雨果写信""给安徒生写信""给门捷列夫写信""给爱因斯坦写信"等。不管给谁写信,受益的总是学生。

创意环保方案

环保，近年来是个热词。环保问题，近年来也日益凸显，引起社会各界的广泛关注。环保从学生抓起，是社会的一大呼声。有人认为，让我们的孩子从小就关注环保问题，直接参与环保，可以从小培养他们的环保意识，使他们在自己的日常学习和生活中，注意保护环境。

让学生学会撰写创意环保方案，是教学中我们可以组织的一个有益活动。对中小学生而言，撰写环保活动方案，切记不要写成一般化的行动方案，最好的办法就是针对环保过程中的某一类或某一个具体问题，提出解决的具体途径或办法、策略。这样写出来的方案，才具有真正的价值，否则，就只能是文字游戏，游戏一结束，方案就作废了。对学生来说，最有价值的关注对象就是日常生活领域的环境污染问题，因为这与他们的日常生活息息相关，他们的体会更深刻，问题的解决更有必要性。

当然，也可以针对某一方面的大问题，如人类工业生产中污水的直接排放问题。如果问题与学生的日常生活距离比较远，学生的兴趣就不大，其撰写方案的积极性就会受到影响。如果是当前的工业污水排放问题，则更能够引起学生的兴趣。

方案的学生视角问题，有无必要提出？这个问题，可以从不同方面来理解。如果着眼于环保问题的实际解决，就应该考虑到学生解决环保问题的能力有限这一现实，否则，方案就是空洞无价值的，缺乏可行性。如果只是从最一般的意义上来谈，就不必过多考虑其可行性，只要能够写出来，有一定参考价值即可，不必着眼于能否实施。

环保知识的介绍，是撰写好环保方案的重要基础，缺乏这个基础，要写出有价值的方案，是不可能的。解决这个问题也不难。教师可以预先宣传、布置，要求学生广泛阅读相关材料，尽可能多地了解一些环保知识。就我的经验而言，可以在班上举办环保知识竞赛，例如工业污水排放问题的环保知识竞赛、空气污染问题的环保知识竞赛等。通过此类活动，学生拥有了一定的知识，思考与撰写过程中就不会有很大的问题。

比如生活垃圾分类实施方案，这不是什么新点子，却是个老大难问题。老大难，难就难在涉及面广，关涉千家万户；实施难，难就难在完全建立在自觉意识之上，自觉性差的，就可能做不到。

以下是一份经全班修改之后的方案：

生活垃圾分类放置方案

目的：防止生活垃圾污染环境，让我们拥有良好的生活环境；让我们从小就养成垃圾分类的意识，养成垃圾分类放置的习惯。

参与人员：全班学生。

活动时间：利用寒暑假，对自己家里的垃圾进行分类放置。

具体措施：

1.广泛、反复宣传垃圾分类放置的好处；可以散发宣传单，出墙报。

2.全班进行签名活动。

3.利用寒暑假时间，对自己家的垃圾分类放置。

4.一般分成可回收与不可回收两类。

5.每天的垃圾，都用环保塑料袋分别装好，放置在对应的垃圾箱或垃圾桶内。

6.活动结束后，每人写一篇活动感受方面的文章。文章将评出优胜奖。

此类方案，是一种弱约束方案，对方案的参与者、实施者缺乏硬性的约束力，完全建立在自觉、自愿的基础上，对活动的每一位参与者很难进行评价。好在活动结束后，有写一篇感受文章的要求，否则，真的很难进行评价。因为如果完全没参与，缺乏基本的体会、体验，要写好文章是有困难的。

　　以上方案，虽显粗浅，但基本上是学生自己思考的结果，凝聚了学生的心血。学生毕竟还处在成长之中，他们的每一次学习，都是对原先自我的否定。一个粗浅的方案，也是方案，总比不动手学习强上无数倍。至少，他们通过活动对环保知识了解得更详尽了，理解得更深刻了，对垃圾分类知识掌握得更牢了。这就是一次进步，一次成长。

绿色环保出行倡议书

老师们，同学们：

　　随着社会的不断发展、人们生活水平的提高、机动车的数量迅速增加，交通拥堵问题日益严重，人们花在路上的时间不断增加。

　　绿色环保出行是一种新的生活方式，它节能、环保、绿色、生态、健康，也可以大大改善生活环境，保持道路畅通。在此，我们向全校师生发出如下倡议：

　　1.做绿色环保出行的宣传员。

　　全校师生都要增强环保意识，树立低碳环保理念，更要积极向自己身边的人和亲朋好友宣传开展绿色环保出行的重要意义，广泛宣传健康、环保的出行方式，使绿色环保出行深入人心，并迅速转化为人们的自觉行动。

　　2.做绿色环保出行的倡导者。

　　全校师生要齐心协力，把绿色环保出行作为一种生活态度，倡导"能走不骑，能骑不坐，能坐不开"的出行理念，给城市减负，给道路减负。

　　3.做绿色环保出行的实践者。

　　全校每一位师生都要积极参与绿色环保出行活动，将节能贯穿于生活与出行的全过程。老师和班干部要率先垂范，带头选择步行、骑自行车上下班或上下学。

　　同学们，让我们迅速行动起来，从点滴做起，从自己做起，建设好美丽新家园！

初三一班

向本校老师和同学发倡议，这样的活动比较好开展。发倡议者对接受倡议者比较熟悉、了解，倡议的针对性比较强，活动不会沦为空洞的口号。以上倡议内容，基本上条条具体，切合实际，不空洞，不含糊。不过，以上所列条款，尚缺少一项：监督。如果再加上一条由谁来监督，内容就比较完整。

学生作为受教育者，接受教育的方式很多，写一份倡议书，可以促进环保知识的普及，环保理念的深入，相比单纯的说教效果要好得多。

绿色环保出行，这是我们国家倡导的一个重要环保理念。但在很多人那里，并没有变成实际的行动。尽管大家都明白绿色环保出行的巨大意义，但由意义到行为的转换，存在着一个漫长的过程。作为新时代的中学生，接受了新时代教育的公民，也是中国未来的接班人，从小养成环保意识，对自己，对他人，对国家，都十分有益。但理念要变成行为，需要一个转变的契机，一个触媒。作为班主任，作为学校教师，一个很重要的任务就是要为学生创造这样的契机，找到这样的触媒。撰写倡议书就是一个不错的契机和触媒。

其实，步行与骑自行车本就是学生的主要出行方式。学生时代，他们出行的实际体验，通过文字与理念相结合，在他们的头脑里就生下了根，在他们此后的人生中，就比较容易转化成更持久的绿色行动。

节约用水宣传周活动方案

为增强全校师生的节水意识，我校开展以建设节约型校园为目标的节约用水宣传活动，促进全校师生以自己的实际行动节约用水。

3月22—28日，为宣传周，学校将利用广播、黑板报等多种方式，悬挂横幅、制作宣传栏，开展节水征文和宣传栏评比活动，制造氛围，搞好宣传。

工作目标：

深入开展节约用水宣传活动，增强全体师生的节约用水意识，力争学校用水比上年减少20%，为节约用水目标做出积极贡献。

主要任务：

1. 进行宣传教育，创造宣传氛围。节约生活中的每一滴水。

2. 改造、维修用水设施。

对用水设备及卫生间蹲便池进行改造和维修，减少用水流失；把一些卫生间的脸盆改造为洗手池，使废水直接流入便池，实现废水二次利用。

3. 专人巡查。学校将安排专人，坚持对全校范围内的用水设施进行巡查，及时发现并解决跑、冒、滴、漏和"长流水"等问题，彻底杜绝浪费现象。

工作要求：

节约用水是学校的日常工作，也是一项长期的工作，学校要形成齐抓共管、人人参与、点滴着手的好风气，扎实做好各项工作。

校园内细水长流，是很多学校的常见现象，我所在的学校也不例外，浪费水的现象也比较严重。针对这种情况，我与学校领导做好了沟通协调工作，发动全班学生，替学校撰写了一份节约用水的宣传活动方案。此方案得到学校领导的充分肯定，学校反复宣传、实施，取得了良好的效果。

学生的劳动能够得到学校领导肯定，并在全校实施，让学生体验到了自己的劳动所带来的乐趣。这是一种成就感，一种由学习成果带来的喜悦。在学生的学习和生活中，特别需要这样的成就感和喜悦感，它们可以成为学生进一步学习的巨大动力。

元旦晚会创意设计

元旦晚会可以丰富学生的课余生活，可以激发学生对学校、对生活的热爱。元旦晚会又何止是迎新的舞台，也是展现自我、展示才艺、增进友情的舞台。同时，元旦晚会也会给学生们带来快乐，丰富他们的学习与生活。

创意设计，就是要创出新意。而创新之难，大家心里都有数。但正因为难，才显得难能可贵，才凸显出创意者的智慧。

班级元旦晚会年年办，但要办出新意，对班上的每一位同学，都是一种挑战。

一开始，他们都把目光盯向老师，希望老师拿出法宝，像变戏法一样拿出一个让全班同学都喜欢的节目单来。中学三年，第一年办元旦晚会，他们还有点激情，第二年就表现平平了，第三年呢，就神经麻木了。所以，每届学生，从第二学年开始，我就完全放手让他们自己策划，自己拟定节目单，自己排练，自己解决不了的问题，才求助老师帮助解决。

元旦晚会的创意，既可以是整台晚会的创意，也可以是某一个细节或小品的创意，还可以是邀请函的创意，也可以是结尾的创意……很显然，整台晚会的创意难度肯定是最大的。

以下是一份学生撰写的元旦晚会节目单：

元旦晚会创意设计

开场白：主持人从观众席中走出，更富有新意。

节目：

1.创意走秀：用报纸做成模拟时装，让班上的男女生模特走秀。模拟时装可按照某一主题进行设计。

2.选用某部电视剧中的某个片段，用家乡话对白表演。

3.听歌曲猜歌曲名：播放歌曲前奏，观众抢答歌曲名称。抢答对了的，给予适当奖励。

4.以寝室为单位，每个寝室必须演出一个集体节目，一个个人节目。节目可由各寝室自己选择，并排练好。

5.以小组为单位成语接龙。主持人先说出一个成语，各小组依次接龙。

6.点唱机。每个小组选出一位能够唱出最多歌曲的同学到台上，下面的观众点歌，看哪位同学唱出的歌曲最多。最多者胜出。

7.男女抽签配对演唱歌曲。

8.电视剧《三国演义》片段配音。

9.有奖竞猜：班级同学描述竞猜。主持人描述班上同学，观众竞猜。猜对的给予适当奖励。

10.合唱《难忘今宵》。

创意即创新，是学生对某一主题的富有新意的创造。别小看一台班级晚会，要让每个节目都有新意，是不容易的。

从以上节目单可以看出，大多数都没有局限于传统的节目表演，即便是传统的节目表演，也以新的形式出现在观众眼前，给人耳目一新之感。例如集体节目表演，这里是以寝室为单位的形式出现，并没有像原先那样，只是简单地找几个人合唱或表演节目。以宿舍为单位表演节目，重在鼓励学生人人参与、个个表演，让每一位同学都拥有锻炼的机会，使每位学生都得到正式的锻炼。这样的设计，就很有意义，也非常有创新的价值。再如以小组为单位进行成语接龙，凸显了小组的集体力量，让每个参与的同学都以小组的身份出现，代表小组进行比赛，在实践中培养学生的集体荣誉感，而不仅仅是简单的抢答。同时，班上及早公布节目单，让每一位同学都及早进行准备。一次成语积累活动，无形中让学生积累了不少成语。

电视剧的片段配音，也是对学生能力的一种训练。学生的重新配音，完全是根据自己的创意来进行的，而不是原版对话的重复。它必须有一个新的主题。对这个新的主题，学生还必须进行文字上的撰写与配音训练，是一种综合性的训练。

一次晚会创意设计活动，就是一次集体智慧大训练，也许对学生而言存在一定的难度，但是，他们只要在一至两个节目上有创意，就是一次进步，一次素养的提升。也有学生连一个创新的点子都没有，是不是就意味着活动对他们而言就没有价值呢？否。虽然他们未能拿出有创新意义的新节目，但他们毕竟也从活动中看到了自己的不足，发现了自己与别人的差距。再退一步，一次失败也是一次尝试。尝试得多了，就拥有了成功的希望。所谓"失败是成功之母"，有了失败的教训，就为以后的成功积淀了新的成功因素，距离成功就越来越近了。

一个完整的节目单，就是一次创新能力的训练。我一般都是在元旦前一个月左右，就布置学生每人撰写一份节目单，然后全班拼合成一份完整的节目单。可以说，一份节目单，就是一份集体合作的智慧结晶。

元旦是一年的新开端，是新年的第一天。中国人喜欢吉利，喜欢吉祥，喜欢鼓励，喜欢欢庆。一段好的开场白与结束语，可以让人回味无穷，让人沉浸于晚会所营造的欢乐气氛之中。

而开场白和结束语，最好是出自学生之手，由学生自己撰写，自己创作，才有亲切感，才"接地气"。

开展撰写元旦晚会开场白和结束语竞赛活动，对学生来说，既是一次语言文字运用的训练，也是一次融入晚会氛围的演练。因为要写好这些文字，必须沉入到想象的晚会之中，否则，就只能是干巴巴的词句堆叠。

竞赛的第一步，提出要求。要求此类写作一定要写得热情洋溢，包含着对新年的祝福，文辞典雅。

第二步，提供范例。写作要求是抽象的，范例才具体、生动。学生在有了范例之后，更容易动笔写作。

然后才是写作与评比。

一台晚会要想成功，开场白与结束语的作用不可低估。从实际效果来看,虽然不可能达到中央电视台文艺晚会的水平,但就在校中学生而言,还是不错的。学生模仿中央电视台元旦晚会的开场白与结束语的风格,像模像样地进行写作。例如:"老师,同学们,大家晚上好。在这辞旧迎新的美好时刻,我们迎来了期盼已久的……""难忘今宵,今宵难忘。美好的时刻总是短暂的,新年的祝福却是永远的……"这样的言语,给人以温暖,给人以温馨,鼓舞人,激励人。

每届学生在参加了这样的活动之后,都有成就感、成功感。有的学生说:"真没想到,一台普通的晚会也能办到这样的水平!"

每件事都有多种做法,班级元旦晚会也一样,尽心去办与敷衍地办,效果就是不一样。

一句话,不管怎样办,学生快乐,有实实在在的收获就是成功。

第二章 打造理想教室巧润泽

教室是学生在校园里待得时间最长的地方。长期以来，教室的打造一直不被重视。在一些教师的心目中，教室不就是学生学习的地方吗？学生只要学习成绩好就可以了，有必要花那么多精力折腾吗？

这种观点，为许多人所认同。

但是，只要我们深刻思考一番就可以明白：既然教室是学生学习和成长的地方，既然是学生求学过程中待得时间最长的地方，那就意味着怎样的教室成长出怎样的人才。

教室建设，实际上就是班级建设，就是班级文化建设，就是学生成长的文化环境建设。

班级文化建设，在凸显普遍性的基础上，最需要的是特色建设，需要从教室及班级的特点出发，从班主任及任课教师的教育理念、教育思想、教学主张出发，从学生的成长需要出发，而不是泛泛而论，一般性地照搬、照抄，需要在"巧"上下功夫，在"巧"上做文章。

教师以身作则巧引领

俗话说："什么样的教师培养什么样的学生。"教师直接影响着学生的成长：教师的脾性直接影响学生的脾性，教师的文化修养直接影响着学生的文化修养，教师的特长直接影响着学生的发展方向，教师的工作态度直接影响着学生的学习态度……一句话，教师的素质直接影响着学生的素质。

在学生成长中，教师的作用怎么强调都不过分。

著名特级教师孙维刚有一次在上班路上，因帮助他人而耽误了几分钟。上课迟到了，他在黑板上写了一句话："对不起大家，我迟到了。"下课后，他自觉在教室门口罚站了一小时。孙老师严于律己的态度，在学生心中留下了深刻印象。他的一位学生说：开学的时候我才知道，对于学生来说，比学习更重要的就是品德。另一位学生认为：自己班上同学有良好的修养，是因为孙老师每天上下班时都不会忘记与门卫老大爷亲切打招呼；同学们自觉遵守纪律，是因为孙老师迟到了便向我们做检讨甚至到教室外面罚站；班上的男生坚持每天跑1500米，女生跑800米，是因为孙老师会和大家一块跑；大家喜欢文艺活动，是因为孙老师会和我们同唱、同奏、同台表演……

老师的率先示范以及与学生的零距离接触，就是学生最好的榜样与鼓舞。

2014年5月的一天，武汉科大外国语学院英语系1301班体育任课教师因上班途中堵车，上课迟到了3分钟。迟到后，她主动对学生说："下课后我自罚做俯卧撑60个。"学生都说了没事。下课后，她在全班40多名学生的注视下，硬是完成了60个俯卧撑。学生们自发地鼓掌。

相信,老师的以身作则,一定会正面影响着学生。

一次批改学生作文时,我把批语写得比较潦草。当然,这是故意的。一些学生拿到作文本之后,对我的做法很有意见。还有的学生特意跑过来问我写的是什么意思。他们还认为老师不该那样随便,写字不能那么潦草,而应该成为学生认真写字的好榜样。在他们看来,这好像是一件非常大的、重要的事情。

下课后,我特地把他们找来,故意问他们:"为什么那么看重这件事?"他们都觉得老师应该带好头,把字写端正。否则,他们读不懂。我认为这是最好的教育时机。我顺势一问:"你们也知道字写得潦草不好,别人看不懂。你们平时不是这样写的吗?你们考虑过别人是否能看懂吗?"我一问,他们低下了头。

话不必过多,主要看效果。

从此,那几个平时写字鬼画符的同学,都有所改进,字慢慢写端正了。虽然个别同学进步较慢,最终还是赶上来了。

教育学生,有些时候歪打才能正着,一味地正打,可能打不到"七寸",效果不明显。而在很多情况下,歪打的效果要比正打强。歪打是教师精心设计、精心实施的,给学生有趣的感觉。歪打,要打在学生心里纳闷的时候,也即学生不理解的时候。而最后的"抖包袱",便可以为学生解答疑惑,让学生豁然开朗。

案例中,我故意写字潦草,学生当然不理解。因为这与老师的身份、职责不相宜。这是有意歪打,让那些平时写字随便、潦草的学生,也尝一尝认字困难的滋味。学生自己尝试到了潦草字迹带来的难以识别的困难后,他们才会设身处地为读者着想,从而把字写端正。

教育是一项需要教师付出汗水和智慧的事业。很多情况下,直接的、直率的途径可能不奏效,唯有通过巧妙的途径方能见效。

2005年,时任总理温家宝去看望病重的钱学森。钱老非常感慨:"为什么我们的学校总是培养不出杰出的人才?"这便是著名的"钱学森之问"。为什么?原因复杂。但有一点不可否认:有的教师工作缺乏创新精神。没有创新精神和创新能力的教师,难以培养出出类拔萃的学生。可见,教师的以身作则有多重要。当然,长期以来教室的简单化布置,也不可小觑。

教育,就是一条大鱼,领着一群小鱼在水里游,大鱼游向哪里,小鱼也跟着游向哪里;也是一群小鸟跟着一只大鸟在天空飞翔。老师就是那条大鱼,就是那只大鸟。大鱼、大鸟怎么领,后面的小鱼、小鸟就怎么跟。

前不久,我在批改学生作文《我们的教室》时,发现一个十分有趣的现象。学生采用了比较生动形象的结构形式,把教室当作一本书来写:扉页上写着什么,第一页写着什么,第二页又写着什么……当时,我觉得此种写法有点眼熟,总觉得在哪看到过。我想起自己写过一篇赞美附近一个古老村庄的文章《港下这本书》。该文章就是把这个古老村落当作一本书来写,采用的就是书本翻页的形式。而且,我曾在班上读给学生听。原来,那位学生文章的结构形式,直接来源于我的那篇文章。

老师的影响,怎样形容都不为过。

我喜欢阅读,阅读已经融入了我的血液,成为我生活的重要部分。也可以说,阅读成了我的生活方式。我总是习惯在自己家的阳台上手捧书本,认真阅读。早读课、晚自习,除了应对学生提问或者其他事务,我把所有时间都放在自己的阅读上。在学生中间巡视,有时候也手捧着书本。十多年前,为备战普通话过关考试,每天早读课时,忙完教学有关的事情后我总是捧着书本,在教室里大声朗读。一开始,学生感到惊讶:老师怎么也读起书来?慢慢地,他们熟悉了,适应了。

在我的影响下,班上的一些学生也爱上了阅读。学校图书馆,他们常常光顾,并且自己也购买一些书籍。30多年后,很多学生在给我写信时,都会回顾他们与我一起阅读的情形,告诉我,他们现在仍然爱读书,还说养成了的习惯舍不得改掉,也没有必要改掉。

我也喜爱写作,并时不时地把自己所写的文章读给学生听。而且,我写的大多是他们熟悉的生活。他们听了之后,深受影响。有位学生,父母亲双亡后辍学了,走上了艰难的打工之路,白天在建筑工地劳动,晚上自己住在一个烂尾楼里,为的就是有一个独立的写作环境。他克服了别人难以想象的困难,每天晚上坚持阅读与写诗。现在,他仍然在文学创作的道路上继续前行,成了一位网络写手,专写网络小说,点击率很高。在我的影响下，这样的学生不少。

一个普通的灵魂能够走多远？一位普通的教师影响有多深？他的学生到了哪里，影响就带到哪里；学生有着怎样的人生，他的影响就有多深。

身教重于言教，有时候身教也深于言教。作为一名一线教师，我天天与学生接触，他们所看到的我，并非理性之我，而是感性之我。我的一言一行，我的举手投足，学生都看在眼里，记在心里，并可能转化为个人的具体行动。我喜欢阅读，并非故意在学生面前展示，也不是一种做作或显摆，而是一种习惯，一种自然的行为。我的写作成果在教室里变成了声音，学生亲耳听到，印象深刻。这些，最容易转化为他们的具体行动。所以，一部分学生在我的感染下，也爱上了阅读与写作。

学生写作文不喜欢修改，是一件让我伤透了脑筋的事情。怎样才能让他们养成写作前打草稿的习惯？——学生只有在打好草稿之后，才可能修改。每一届学生，我都磨破了嘴皮子，效果微乎其微，基本无人理睬。怎么办？我突然想起了我自己写作反复修改的事情。

一天上课后，我把自己原先写作时的草稿纸拿了出来，有很多本，每个小组发一本，让他们仔细查看。

一开始，学生还不知道是什么意思。因为他们从来都没有遇到过此类事情。我短暂说明之后，他们才恍然大悟。他们边看，我边说明。我告诉他们：我原先写作，很多情况下一篇文章要写几遍，还要修改几遍，自己才会满意。而且，那些草稿本上，密密麻麻地有各种修改符号。同学们看得非常仔细。

我问他们有何感想。他们都说，没想到，老师当年花了那么多功夫，才打下了过硬的写作底子，打好了写作基本功。

从此，写作时打草稿的学生就渐渐多了起来。

教师即是资源，而且是十分宝贵的教育资源。自己原先做了的事情，留下了痕迹，适当的时候拿出来就是资源，对学生有教育引导作用。

作为一名现代教师，必须积极有为。教师自己积极有为了，才能够在学生面前不窘迫，不贫瘠，才能够自信地与学生打交道，并积极影响学生。否则，就只能是重复过去的自我。而一名重复过去自我的教师教导出来的学生，很可能难有成长的大起色。作为一名一线教师，多年来我都把自己的业余时间用在读书与写作上，积累比较多，素材也比较丰富，随时可以拿出来运用。而且，对学生而言，自己的老师更可亲，更了解，更熟悉。身边的榜样也更可学。老师的文章，他们读过，也听过。老师写的书，他们见过，甚至也读过。老师的写作基本功，他们见识了。而这些基本功的得来，并非天生，而是后天努力的结果。这个努力，就包含了反复修改的努力。

活生生的事实摆在学生面前，学生不相信都不可能，不震撼都不可能。学而仿之，习而效之，就是很自然的结果。

实际上，各门课程的教学都可以做到这一点。前提是，教师自己要多努力，有特长，有绝活，这样便不愁影响不了学生。例如，有的老师字写得好，可以用漂亮的字影响学生；有的老师数学解题能力强，便可以通过解题影响学生……

"八仙过海，各显神通。"只要是真"八仙"，各种"神通"都可以展示出来，让学生见识一番，在他们的心里就会留下深刻的印象。

给班级取个性化名字

个性化是今天这个时代的热门词语，人们都把个性化当作一种追求，总喜欢给与人有关的事或物贴上一个富有特点的名称，且美名曰"个性化"。

班级管理是门学问，这无可置疑。但管理涉及方方面面，就连一些原本看来微不足道的事，现在也成为班级管理的重要方面。

为班级命名就是如此。

1. 我为班级取名字

事先我没有透露出任何一点风声，学生全然不知。当我宣布了这个决定时，一些同学惊讶了，以为自己耳朵听错了。一学生立即举手，问："老师搞错了吧？只有为人取名，哪有为班级取名的道理？"我说："万事皆有可能。每件事都有一百种做法，就看你怎么思考，怎么想。为班级取名，有何不妥吗？"我提议每人至少写出两个班级名字，然后写在黑板上。

我提出要求：不超过四个字，激励人，新颖，体现班级理想。如奋飞、超越梦想……

有了具体要求，特别是给出了样例，可以说，大部分学生的心里，就有数了。至少，他们明白好的班级名字有什么特点。

我给了一天的时间。

第二天晚自习，我请每位学生把自己的班级命名写在黑板上，让全班同学检阅、筛选。

实际上，凡是写在黑板上的，好与差，每个学生心里基本上有一个标准。对自己写的，心里就有更有数了。

这一次，仍然是让全班同学评议，选出最好的。

在只剩下三个名称时，到底哪一个更合适？学生们心里也在琢磨。这三个是：起航班、爱心家园、追梦班。我要求学生阐述选择的理由：

生："追梦班"好。这就预示着全班每个人都有自己的梦想，都在为自己的梦想而努力着。也富有诗意。

生：我认为"爱心家园"也不错。把班级看得像一个家园一样，大家相互关爱，携手共进。我们班现在不就是这样吗？大家把班级看得像一个家庭，同学与同学之间感到温暖、温馨，这不是很好吗？

生："超越梦想"！这名字多响亮！

生：我个人觉得这个名字有点说大话，吹大牛。班上还存在不少问题呢。前面有人提出叫"追梦班"，现在有人提出叫"超越梦想"，好像玩文字游戏，一点都不严肃。我赞成用"追梦班"，反对用"超越梦想"。咱们还是实实在在一点，多立足于现实，多花点精力把班级工作做好，把全班的学习搞上去吧。

师：看来，你是一位非常脚踏实地、非常实在的同学。反对幻想，坚持从实际出发管理好班级，搞好全班同学的学习。这是最为实在的话语，最为实在的理想。说出了自己的真心话。好！我为你点赞！下面请继续。接着来，不要受别人思路的影响。

生：我不同意反对以"超越梦想"来命名的同学的意见。我们需要脚踏实地，也需要有梦想，更需要有远大的理想。这并不矛盾。超越了的梦想还是梦想，超越了的理想还是理想。只不过这梦想和理想，被超越了而已，并不是说这个梦想、这个理想就不好。每一位同学不都是在超越原先的梦想中前行的吗？比如一个读小学一年级的学生，他的梦想是下一年读小学二年级，到了他读三年级的时候，不是已经超越了当年自己读二年级的梦想吗？

梦想被超越有什么不好？难道梦想不能被超越吗？所以，我认为还是"超越梦想"好。

生:"爱心家园"这个名字比较俗气,不太适合做班级名称。我们都在求学,都是在校学习的人,不能取那么俗气的名称。"爱心家园"这四个字,也比较直白,太缺乏诗意了。

师:英雄所见略同。我也这么认为。理由都被你说完了,我就不耽误大家的时间了。

生:"超越梦想"好。我喜欢这个名字,我虽然说不清理由,但我就是喜欢。

……

以前,我们习惯于以数字来命名班级,区别班级。这是最为常见、常用的方法。这也可能是我国自班级授课制实施以来的一贯做法吧。现在,一下子要学生给班级取名字,他们有点惊讶,却感到非常有趣。所以,给班级取名这一活动,对学生的大脑具有冲击力,也促使每一个学生去动脑、动手。

学校的每个班级如果都拥有自己的名称,虽然区别起来不如用数字那么顺当,毕竟与学校这个场所的氛围更合宜。

活动中学生的表现还是很不错的。他们能够出色地把自己的真实想法表达出来,而且有的称呼还有点文化内涵。这是让人欣慰的。例如对于"爱心家园",一学生就认为俗气,不好听。他的想法能够达到这一层,很不简单。

开展此类活动,主要目的并不在于为班级取一个怎样好听,或者多么个性的名字,而在于让学生得到一次锻炼。班级的个性化名称,属于全班学生。在一个名为"超越梦想"的班级里,每一个学生都会感觉到自己处在一个充满着理想,充满着激情的场所,从而激发起向前奋进的情感。

值得一提的是,一个班级取了一个个性化的名称,不仅给本班学生以激励,还可以带动学校其他班级,它们也效仿。学校其他班级,不论是同一年级的,还是不同年级的,都可以取一个好的班级名字。

2. 改名风波

作为全校第一个吃螃蟹者,班上的个别同学在看到学校其他班级也效仿为班级命名之后,觉得其他班级的名字更动听,于是纷纷议论,认为班级要改名，该取一个更动听的名字。

一次下课后，班上胆子比较大的一位学生跑过来："老师，等一下。"我停下了。他走过来说："老师，我有个建议，不知是否合适。"我问："什么好建议？""我们班是否考虑改名？""为什么要改？"他回答："我们班的名字太老旧了，改一个更好听的名字。"我答道："我考虑一下吧。"

第二天晚自习时，我把这个问题在班上提出来，看看班上学生的意见。

生：我认为，班级名字既然是大家定的，老师把是否改名这件事拿到班上来听取大家的意见，这是老师对大家的尊重。老师没有自己做主，由大家来决定，这样的做法很好。我不赞同改名。

生：不要看到别的班的名字好就觉得需要改名，如果我们见到别人的名字比自己的好，是否把自己的名字也改了呢？

生：改名也好。可以让大家再得到一次锻炼，再来一次头脑风暴。

师：我问大家一个问题。是不是下次看见其他班级取了一个更好的名字，我们班又改一次？我们总不能看见人家怎么样，就不管三七二十一跟着来吧？当然，到底改不改，还是大家说了算。我只不过是提出我自己的看法。改不改名，大家表决。

（我提议大家举手表决，同意改名的举手。结果，举手的人数不到三分之一。很显然，大多数同学不赞成改名。）

学生毕竟处在成长中，他们的思想还不成熟，还处在这山望着那山高的年龄，容易受他人的影响，摇摆不定。这时，老师的引领就显得尤为重要了，需要"巧"。

上述案例中，我没有一人独断，没有以势压人。最后，个性化的班级名字没有改动。

无论取什么名字，目的只有一个：育人。我们扣住了这一点就不会错，就不至于迷失方向。

班歌歌词撰写竞赛中找到自我

在学校，班级就是学生的家，一个大家庭。

个性化班级建设，取了富有特色的班名，这是一个重要的方面，把全班学生的思想统一到班集体上来了。

班级既然成了学生的家，就要有现代家庭的内涵。于是，继续向前进。

为班级撰写班歌歌词的任务，就历史性地落到了学生身上。但对求学中的初中生而言，这是难度比较大的一项任务。其实，不要说学生，对老师来说，要写好一首班歌，也不是一件容易的事。好在笔者原先为所在学校写过校歌，有这个方面的体验、经验，还算可以应对。

从这里起航

——付坊中学校歌

黄行福

武夷山下，

南建线上；

九踞河畔，

龙池付坊。

老师，传道授业解疑惑；

同学，励志笃行图自强。

啊，付中，你铸就坚挺的脊梁，

你托起明天的太阳！

今天，我们在这里明智；
明天，我们从这里起航。

你来自大山，
我来自平原；
你敦品励学，
我厚德兴邦。
老师，敬业爱岗创奇迹，
同学，激情飞扬写辉煌。
啊，付中，是我人生的起点，
圆我美丽的梦想！
今天，这里正桃李芬芳；
明天，桃李将为栋为梁！

这是十年前我为学校写的校歌的歌词，后来还请人谱曲，在全校传唱。

现在，我让全班学生重温校歌，就是要使他们有这样一个认识：学校可以有自己的校歌，那么，班级也可以拥有自己的班歌。校歌可以由老师来创作，班歌就可以由学生自己来创作。校歌，也可以作为班歌的仿效对象。

这是一种心理上的准备，也是撰写班歌之前的一个铺垫。

"有了这碗酒垫底，就什么样的酒都能对付。"有了这样的前奏，学生就不至于感到太唐突。

首先，我用了30分钟让学生明白了什么是班歌，班歌有什么特点，班歌撰写应该注意的问题。

其次，提供范例。范例就是样式，为学生提供可仿效的样例。由于学生都是初次写作班歌，虽然感到新颖，但困难不小。

再次，看效果。从学生所提交的歌词来看，可以说基本不合要求。这说明巨大的写作难度是主要的障碍。

我只好降低要求了，实在写不好就改编。

他们在网络上搜索到了一首名为《和你一样》的班歌歌词。班上的几位"写手"一起商量，一起改编，才算是完成了任务。说是改编，只是改动了几个地方，基本上用的原文。

和你一样

谁在我难过的时候轻轻拍着我肩膀

谁在我迷茫的时候愿意和我分享

日子那么长　我们在成长

我们的班集体让我感到充满力量

谁能忘记过去一路走来我们的梦想

谁能预料未来学习路上你在何方

笑容在脸上　和你一样

……

谁在我难过的时候轻轻拍着我肩膀

谁在我迷茫的时候愿意和我分享

日子那么长　我们在成长

见证你成长

永远我们鼓掌

一首班歌的歌词，就这样完成了。虽然最后选用的还是别人的，但毕竟经过了学生们的一番努力，他们也是有收获的。

任何学习，结果固然重要，因为结果可以让学生从中看到自己的实力，看到自己的进步。有时候虽然没有直接结果，但过程可能更值得珍重。学生可以从漫长的过程中体悟到学习的意义，学习对自我的心灵进行开放与开发的途径、方式与方法。这也是收获，有时可能是更大的收获。新课程纲要中，就把"过程"列为几个目标之一予以凸显。班歌歌词，对初中学生而言，是写作上的困难，当然也是一次历练。在一个班级之中，真能够写好歌词的学生微乎其微。那么，是否这样的任务过于艰难，要求过高？

看起来是这样,其实未必。从实际的写作结果来看,一些学生写的歌词,还是有可取之处的,只要他们再加以认真修改。

具体说来,收获主要体现在以下两个方面:

(1)又一次融入了班集体。拟写个性化的班名,是学生对班级文化建设的一次投入,使他们对班级的凝聚力有更深刻的体会,就连原先一些表现比较差的同学,也认为不能自毁长城,损害班级名誉。班级既然叫作"超越梦想",就应该拿出自己的实际行动,而不是喊喊口号,挂在口头上,应该多做为班级争荣誉的事。此次撰写班歌歌词,又普及了一次维护班集体荣誉的思想,把他们凝聚在班级的核心。

(2)一次写作训练。生活处处有语文,班级文化建设就是语文活动。我是语文教师,固然常常利用班级文化活动、班级建设活动,让学生深刻参与,进行语言文字的训练。实际上,这也是最好的语文训练途径之一。他们参与了活动,就有了深刻的体验,这些正是写作的极宝贵的素材。所以,写作即体验。语文教师兼班主任,这是极为难得的语文教学资源,不容忽视。

而实际上,每次班级活动,我一般都要求学生用文字进行记录,甚至就直接作为语文作业。歌词的写作,难于一般写作,要求也高于一般写作。学生能够进行这样的写作训练,对他们写作能力的提升是非常有益的。虽然有的学生并没有写出像样的歌词,但他们至少明白了歌词写作的基本要求,明白了要写好歌词,需要进行怎样的努力。只要他们拥有一颗上进之心,相信这样的做法,对他们未来的学习,是有帮助的。

歌词有了,接下来是谱曲。学校缺乏专业的音乐教师,而请人谱曲需要费用,所以,这一活动就只到撰写歌词为止。

丑媳妇还是要见公婆。该评审的还得评审,评出了几个优胜奖,让学生们高兴高兴。

毕竟,"钓胜于鱼",认真做事的过程,就能让学生有收获,让每一位参与的学生都有存在感,感受到自己在班上并非可有可无。

制定班级公约与班训中提升自我

班级文化建设，还包括班级公约与班训的制定。

顾名思义，公约就是共同的约定，一般指为了共同目标，群体或区域内的成员制定的规章制度，对所有成员均有约束力，对违反者可以进行相应的处罚。当然，这是参与公约制定的每一个人都自愿遵守的。班级公约，就是一个班级之内的所有学生共同制定的具有约束力的规定。公约是经全班学生讨论、集思广益而制定出的。当然，也有由班主任先制定好，在班上通过就算数的。那样的做法比较省事，但容易引发学生的不满意，产生师生矛盾。与学生一起商议制定，发扬民主，吸收学生的意见和建议，则比较妥当。

1. 制定班级公约

开学初，为了管理好班级，我让每个学生动手撰写班级公约，而且谁撰写的公约被采纳最多，谁就是优胜者。

第一步，介绍公约的知识，让学生懂得什么是公约，公约的特点，公约的作用，班级公约的主要内容，公约撰写应该注意的事项等。对学生而言，毕竟这是第一次遇到，他们尚缺乏必要的知识和经验。这样的介绍是必要的。

第二步，提供样例。学生有了相关知识，并不一定就能够进行写作。介绍的只是一些抽象的知识，对初中生而言，是远远不够的。他们还需要感性的东西。这就是范文。我从网络上下载了一份比较完整、可行性强的公约，打印出来给学生欣赏，作为范文。

第三步，确定框架。所谓的确定框架，指的是与学生商讨，我们的班级公约应包括哪些方面。之所以需要这个环节，是因为学生是未成年人，他们的思维还缺乏严密性，对事情的思考可能不周全，缺乏理性，容易感情用事。框架一旦确定，他们就有了一个参照，就不至于有太多的疏漏。

第四步，撰写行文。仅提出撰写的一般要求，不过多干预学生的写作，但给出时间限定。

第五步，交流。每位同学将自己写作的公约，以个人宣读的方式在班上交流。每位同学都认真倾听他人的作品，以便做出中肯的评议。

这个环节，虽然需要花费一定的时间，但这是完全必要的，否则就是对学生不尊重。老师千万不能厚此薄彼，千万不能戴有色眼镜看学生，应该尊重每一位学生，给他们展示自我的机会。除非他们自愿放弃。有些时候，对学生的尊重就体现在机会的给予上，否则，就可能涉嫌不尊重学生。

第六步，全班评议。

下面是评议的一个片段：

师：下面请同学们对刚才自己听到的每位同学撰写的公约谈谈自己的看法。你的看法，可以是文字上的，比如文字准确与否，是否存在病句，是否考虑周全，是否存在遗漏等。

生：我觉得李明的比较全面，班上事务的各方面几乎都考虑到了。至少比我本人的要周全多了。

生：黄勇同学的公约也不错，但有的句子需要再斟酌，再修改。例如"上课如果迟到，就罚扫地"，这样写，具体所指不清。不如改成"上课迟到者，罚扫地一次"。这样就比较好，人家就知道怎样罚、罚的次数，好执行。其他同学的公约中，这样的句子也有，也需要再修改。

生：听了大家的公约，我觉得自己写的无法跟他们的比。我心里有数。我想得不周全，很多方面都没想到。比如喜欢说脏话，我一点也没想到。班上有的同学，满口脏话，应该给一点处罚，让他们学会文明说话，说文明话。

师：刚才大家都说得不错，把毛病和不足都指出来了。请继续。

生：黄心诚的也很好。他想得很周到。对他，我还是比较了解的。他为了写好这个公约，花了几天的课外时间，还和我商量了几次。他写的公约，把班上重要事情的几方面都包括进去了。只要再修改一下文字就基本可以。

生：写好一份班级公约，不是一件简单的事情。难点主要体现在两个方面：一是各方面都要考虑到；二是什么先写，什么后写也有讲究。老师不是说过了嘛，最重要的放在最前面，最不重要的放在最后面。听了大家写的公约，我觉得有的同学就没有很好地注意内容上的顺序。什么先写，什么后写，可能事先没想好。拿起笔来就写，像我一样，结果顺序就没有安排好，把搞好环境卫生放在最前面，学习则放在最后面。我想了一下，这样安排肯定是不好的，需要再调整。

师：看来，主要的毛病，大家都指出来了，剩下的时间，大家都修改好自己的公约。大家可以边修改边思考，可以以班上某一位同学的公约为蓝本，再参考其他同学的进行整合，整理出一份大家都认可的班级公约来。

课后，班上成立了一个小组，他们用三天时间整理出一份班级公约来。三天后，小组拿出了一份公约，把它贴在班上的宣传栏中，接受大家的审阅。有修改意见的，向小组提出，修改后定稿。

一份班级公约的出台，不是一件容易的事情。

首先是因为公约本身的复杂性。它不同于一般的文字，涉及的面比较广，可以说，基本上将班上方方面面的事情都包罗进去了，比如学习、卫生、纪律等。仅仅纪律这一方面，就涉及上课纪律、两操、寝室等；仅卫生，就关涉到教室、环境、寝室……撰写者需要在写作前进行反复思考，列好提纲，才不至于有所疏漏，否则遗漏就是不可避免的。对初中生而言，进行这样的训练很有帮助。尤其是一些平时丢三落四的学生，可以训练他们思维的广阔性和严密性。

其次是因为学生本身的特点。学生，哪怕是中学生，也还是成长中的人。他们在心理上还有一些不成熟之处。而公约的撰写，则一般是成年人的事情。

公约的撰写，除了需要思维的广泛性之外，还需要思维的严密性。一是语言要严密。公约的语言，讲究的是严谨，语言不能有漏洞，否则容易被钻空子，类似于国家的公文或法律文书。二是要长期有效。不能朝令夕改，班级公约至少一年甚至三年有效。所以，这就需要考虑更多的因素，虽然中途还可以完善。这对学生的思维能力和语言表达能力，都是考验。

一个班级，进行一次乃至两次这样的活动，对学生素养的提高，一定是有帮助的。最起码在思维的广阔性、严密性上，是有所助益的。

当然，不论班上的哪一位同学，都为此奉献了自己的智慧，他们都会为此而自豪。

2. 制定班训

班训是班级的灵魂。它是为了树立良好班风而拟定的。因而，它也成为班上师生共同遵守的行为准则和规范。班训也是班级文化建设中的一项重要内容，是一个班级班风、学风和教风的体现。

好的班训，学生在毕业多年后仍然怀念，仍然不忘。

班训的写作，说容易也容易，说难也难。

说容易，是因为如果不考虑实际因素，随随便便就可以写好。比如参考眼下一些学校的校训，把"拼搏""奋进""奋斗""勤奋"之类的词语找出来，进行随意拼凑，或者从古诗文中直接摘录，或者直接搬用他校的校训、他班的班训。说难，是因为好的班训，一定是根据班级情况而"量身定做"的。

人人参与，个个奉献，仍然是我的原则。

学生写班训，仍然是大姑娘上轿——头一回。他们对班训的了解不多，甚至可能是第一次遇到。因此，普及班训知识就不可或缺。

首先要让学生明白：班训的写作，不能随意地搬用、抄袭或者拼凑，而是一件严肃的事情，需要我们每一位同学真心诚意地认真对待。一定要把它当作自己的事情来看待。而实际上，这也应该是学生自己的事。学生才是班级的主人，要以主人的态度来撰写。

可以给学生们提供具体可感的班训例子，让他们照着例子写。

以下为交流现场的部分实录：

师：下面同学们交流各自的作品。大家先读自己的作品，然后解释为什么这样写。开始……

生：我写的班训，直接引用了《论语》中的句子"己所不欲，勿施于人"。我觉得孔子这两句话写得真好。它的意思，我的理解是：为人处世，要设身处地地为他人着想，不要只想着自己，心目中要有他人！我们同学之间，就应该这样相处。

生：我撰写的班训是：创一流成绩，办一流班级！虽然有点像空洞的口号，但是，我们可以这样想：一个人，一个班级，都应该有自己的奋斗目标，或者说是奋斗理想。班上的每一位同学，都要有这样的理想，这样的志向。有了理想和志向，才会为实现这个理想和志向而努力奋斗。否则，就容易变得浑浑噩噩。

生：谨慎立身，务实求学。这就是我撰写的班训。我写的这则班训，包括两方面意思。自身的修养要提高，而且要谨慎，不能随便；学习求实，不能想当然，不能随便、马虎，更不能弄虚作假。

师：你的态度非常诚恳，写得好，也说得好。我们作为求学期间的学生，就应该好好做人，诚实学习。下面请继续。

生：我撰写的班训是：多一点勤奋，多一分希望。我们来学校的目的就是学习，如果我们平时勤奋努力，希望就有可能成为现实。否则，希望就可能落空。也就是说，希望建立在勤奋的基础上。也可以说：不勤奋，无希望。

（师生热烈鼓掌！）

生：真诚做人，诚实说话，表里如一。我注重的是诚实做人，不虚伪，不说假话。我主要是看到了现实中的一些虚假行为才这样写的。一些商店，天天挂着"大甩卖，最后一天（或最后三天）"，这不是骗人吗？一开始，我们可能会相信，现在你还会相信吗？谁相信，谁就是傻子！长大后，我们不能做那种人。

……

  课上，学生的交流与发言让我最初的担心消失了。

  当初，我以为那些粗心学生会胡乱写一通，会当作任务来完成。没想到，他们比较认真。他们谈做人，谈学习，谈社会风气。我感受到了他们的真诚，他们认真负责的态度。

  班训的写作，相对而言比制定公约简单，它不需要考虑那么多的因素，只要专注一个方面，基本上就能写好。当然，能关注多方面则更妥当。问题是，班训受到了文字的限制，涉及的方面越多，越难控制文字。

  撰写班训是他们认识社会、认识自我的重要契机。以上交流中就流露出了这一现象。第五位同学，很有思考的头脑，居然能够结合社会现象来写班训，来要求今天的学生，很有眼光，对问题看得深、看得远，让大家刮目相看。

  这样的活动，训练了学生的思维，开阔了学生的眼界，也训练了他们的文字表达能力。他们撰写的班训，文字比较简练，含义比较丰富，完全抛弃了平时作文时的那种拖泥带水，那种病句连篇，那种随意拼贴，代之以言简意赅和含蓄蕴藉。作为班主任，作为语文教师，我为他们骄傲！

  最后，采用谁的？也不是班主任定，仍然让学生定，而且是全班学生定。三选一的时候，程序依然是学生举手确定。

教室功能分区创意中体现自身价值

教室是学生学习的地方，更是学生成长的地方。这是常识。但怎样发挥出教室更大、更多的功能，则需要教师们进一步发挥自己的聪明才智，贡献出自己的智慧。

教室的功能分区，指的是教室内各个发挥不同功能的区域，如教学区、展示区等。各个不同功能区的充分利用，也是调动学生积极性，促进他们健康成长的重要因素，可以让一块几十平方米的空间，得到更充分的利用，发挥更大的作用。

一般而言，传统的教室功能分区，是很天然的，不论老师还是学生，都不会特别去在意教室里的哪一块应该起什么作用，都是自发地将最大的空间作为教学区，其他区域要么张贴功课表和作息时间表，要么放置打扫卫生的工具。黑板报则是每个教室在建造的时候，就已经准备好了的，只需要填上具体内容罢了。

现在，班主任需要做的，首先是引领学生，有意识、有目的、有规划地进行功能分区。

学生进中学后刚半个多月，我就在班上提出了这个问题。由于对学生不了解，只能采取学生自告奋勇、自我报名的方式，组成了一个小组，专门商讨教室功能分区的问题，然后拿到班上来讨论。当然，班上的每个人都必须参与。

以下是汇报课上的片段：

师：请各位同学把你们对教室功能分区的设想提出来与大家交流，要说明为什么应该这样分区的理由。

生：教学区是现成的，不用多说。我们可以做的是取个好听的名字。

生：我认为可以分成教学区、展示区、卫生区、储物区。教学区不用说是教与学的区域，展示区用来展示各种有价值的东西，卫生区用于存放相关的工具，储物区则用来存放同学们的或班上的物品。

师：两位同学的设想都很好。大家觉得还可以设置怎样的区域？

生：老师，我认为还可以设一个图书角，专门用来放置图书，方便学生借书、看书。但是，学校会不会同意？

师：你这个建议很好，至于学校会不会同意，这是我的事情，我会与学校商量。但不管学校是否同意，你的想法，还是值得充分肯定的。很好！大家还有什么好的建议吗？

生：老师，我们班上的一体机，也可以发挥更大的作用，可以专门设一个"世界之窗"区域，用来让学生多了解外面的世界。

……

（最后，大家一直认为，可以将教室分成教学区、展示区、图书角、卫生区和世界之窗五个区域，由于储物区需要学校添置相关设备，不是班上能够做主确定的，暂时舍弃了。）

有意识地把教室分成不同的功能区，实际上是将学生的思路引导到了更广大、更深刻的层次。以往，他们只是一心一意考虑自己的学习问题，考虑问题的思路比较单一；现在，在考虑学习之外，可能还需要考虑各功能区域内的其他事务。这无疑给了他们训练的机会，而且是多方面的训练。

这样进行功能分区，只是一个开头，更重要的是怎样让每个功能区发挥更大的作用。

教学功能区作用的发挥，可以说，基本上是教师唱主角，但学生也不能消极等待，等待教师的教学有较大的改观，而应该积极发挥自己能够发挥的作用，或者说，争取发挥更大的作用。例如上课积极而不消极，课后认真复习等。

如何让每个区域都发挥更大作用？这是一个崭新的问题，也是一个非常现实而具体的问题。解决这个问题，仍然需要全班同学发挥自己的才智。

为解决这个问题，我首先让学生推荐每个功能区的负责人，我把他们称为"区长"。他们都在班委的领导之下。他们的职责就是分别负责每个功能区的工作。区长下面再配置几个助手。全班同学必须积极参与每个区域的工作，不得推脱，不得找任何借口不参与。

哪一个区域应该发挥怎样的作用，应该怎样发挥作用？我把问题拿到班上进行讨论，让全班学生提出意见和建议。一是可以增加透明度，让班上每一位同学心里都有数，不至于最后变成了班主任和班上几个学生的事情。二是可以发挥每个学生的作用，集思广益。我给了大约一周的时间让学生做好充分准备。

班上交流的情形如下：

生：可以主动去联系每一个任课老师，与其商量可否把教学上的一些事情留给学生来做，教学区的作用就可以更好地发挥了。

生：展示区，可以充分展示高质量的资源来为学习服务，比如班上同学的书法作品、优秀作文等。还可以设立"文章品鉴"栏目，班上同学写得好的作文，可以请语文老师写出文章来进行鉴赏与评论，这对我们的学习是有帮助的。还可以设置"难题解答"之类的栏目，各科学习中的问题都可以拿来向全班同学征集答案，可以活跃我们的学习氛围……

生：展示区的展示内容，不能陈旧，要确定更换的周期，否则内容太陈旧了，大家就没兴趣去阅读了。有的内容，可以在固定的时间更换，有的内容则可以随时更换。比如"难题解答"之类，就可以根据需要更换。

生：世界之窗可以用来看每天傍晚的《新闻联播》，可以让同学们了解世界大事，关心天下大事，把自己与世界联系在一起，不至于读死书，死读书……

师：不说不知道，一说吓一跳。大家刚才的发言，让我也大开眼界。相信也可以给班上的每一个同学以深刻的启发。继续！

生：我说一下卫生区。这个区域，以前主要来放打扫卫生用的工具。以后也主要是这样。但是，以后我们可以设置固定的格子，把各样工具放在固定的地方，可以更加美观些，不至于凌乱。

生：图书角，主要用来放置图书，方便同学借阅。这很好。但是，需要选择一个同学来负责，也需要全班同学爱护图书，不能随意损坏学校书籍。否则，学校以后就不会同意了。

生：还可以发挥图书角的更大作用，可以让同学写读后感等，张贴到相关栏目中去展示……

教室功能分区，看起来是个新生事物，好像是标新立异，其实是把原先不被重视的工作，原先比较随意、自发的工作，进行了有意识的重新安排而已。

在学校教育中，一些被无意识地实施的常规工作，在新的背景下加以重视，就成了一项特别有意义的事情。我对教室功能分区的提起与重视就充分说明了这一点。发挥学生的特长，培养学生的兴趣爱好，是我们一贯倡导的。对教室进行功能分区，有利于经营好每一个功能区。

充分而合理地发挥每一个功能区的作用，培养学生的素质，是教室功能划分的主要目的。接下去的工作主要是怎样利用的问题。利用得好，将各尽其用；否则，将前功尽弃。处处留心，处处皆学问，而且是大学问。

仪式感营造中促成长

学生的成长中，仪式感将给他们的生活带来非常重要的意义，将给他们平淡的生活带来严肃的或者活泼泼的因素，给他们的人生留下美好的印象。

生活需要意义，人生需要意义。而仪式就是专门制造意义的场景。

在学生受教育的过程中，怎样将他们平淡无奇的学习与生活打造得富有情趣、富有意义？这是班主任或任课教师应当扛起的一份责任。

1. 为学生过生日

成长中的学生，都希望别人记得住他，都希望自己的人生成长中留下美好的记忆。因此，在学生刚进本班时，我就留意了他们的出生日期，准备给学生过一个愉快的生日。我与学生一起，定下了一个规矩：每个学期为班上的学生过一次生日。上半年出生的，上半年过；下半年出生的，下半年过。寒暑假出生的，或提前过，或下学期补过。这样，就可以保证班上的每一位同学每年过一次生日。同时，每学期一次，就不会让人觉得太频繁而厌烦。

我给学生过生日，一般都选在晚自习下课后，大约一节课时间，费用由过生日的学生自己出，控制在一两百块钱。目的主要在于热闹一番，而不在于花费了多少。

大约提前一个星期告知学生，让他们做好准备：准备蛋糕，准备一点零食，准备饮料……此时，学生的积极性很高。他们一般都会非常热情、积极地做好自己的事情。

所有准备工作中，最为重要的就是每位过生日的同学撰写好自己的"回忆录"，即自己的人生回顾，或者写几句生日感言。标题自拟。同时，还要请班上的一位同学撰写好生日祝词，祝贺过生日的同学。这是学生生日仪式上的重头戏。

选好司仪，最好选男女生各一名。

生日仪式流程：

（1）播放音乐。

（2）开场白。

（3）生日祝词。

（4）分吃生日蛋糕。

（5）生日娱乐。

（6）寿星感言。

（7）结束曲。

仪式上，不论是寿星本人还是其他同学，一个个都兴高采烈，穿梭于整个场景之中，一会儿拿点蛋糕抹他人之脸，一会儿被他人抹。嘻嘻哈哈，唱的唱，喝的喝……欢声笑语，怡人心田……

发表生日感言，这是仪式的另一重头戏：

生：今天是我的生日，我已经14岁了。14年中，爸爸妈妈为我付出了许多。可我还那么不懂事，在学校没把心思用在学习上，还天天惹是生非，让老师、让爸爸妈妈不放心，也让同学不高兴。从今以后，我一定洗心革面，痛改前非……

生：老师，同学们，大家晚上好！感谢你们的热情，感谢你们没有把我作为边缘人。我将永远记住这个让我难忘的日子！老师，同学，是你们给我带来了快乐，带来了温暖！我爱你们！

生：我度过了好几个愉快的生日。但那些愉快加起来，也比不上今天老师和同学们带来的快乐。这么多人为我祝贺生日，我难忘的是今天！这么多的同学在场，这么多的同学为我过生日，是我的荣幸，是我的荣耀。

生：我没什么好说的，我感谢老师，感谢同学！我虽然嗓子不好，但为了表达我的心情，我还是唱首歌吧。唱什么歌呢？我想《相逢是首歌》最能表达我此刻的心情。"你曾对我说，相逢是首歌，眼睛是春天的海，青春是绿色的河……"

生：一晃10多年过去了。回顾自己10多年的人生历程，从记事时起我就觉得，自己还这么小，一生的路还很漫长，我还可以做很多很多的事，还可以拥有很多很多快乐的日子。转眼间，我就已经15岁了。我觉得我即将成年，即将承担起人生的重担，生活的重担。我得努力，我得拼搏，否则，就会虚度一辈子！我虚度不起。我输不起呀！

……

每件事有一百种做法，就看我们怎样去做。

一个普通的生日，如果用点心思，进行一番包装，也可以过得很有意义。生日年年过，人人过，怎样过得让人难忘？这需要每一位教师费心思，想办法，出点子。父母给孩子过生日，也有仪式，也有客人，但氛围不同，因为参与的人不同，仪式的程序不同，内容不同，结果、意义就不同。同龄人在一起，"年轻的朋友在一起，比什么都快乐"。那种场景，那种氛围，那种现场感，乃至每一个细节，都会给寿星们留下深刻的印象，都会让他们心神荡漾。生日感言，就是他们心灵世界的写照。相信，那是他们的肺腑之言，是他们的真心话。他们悔过，他们反思，他们感激，他们激情飞跃。相信，这就是他们的收获。他们也将永远记住这一天，这一天的这个时刻！

2. 班会仪式

班会，几乎每个班级都开，而且开的次数不少。如果总是一副老面孔，老师烦了，学生也不愉快。但班会不能少，还得继续开，而且还得开好。

这里以一次主题班会为例。

"珍爱生命，远离危险"是这次班会的主题。为开好此次班会，我发动学生做了充分的准备。

分好工是第一步。一共分了这么几大块：后勤、组织发言、流程、主持……

这里仅仅是安排学生做好准备的几个方面：

（1）选好一首合适的歌曲。要求学生从熟悉的歌曲中选择一首作为班会的开始曲，以渲染气氛。（要求与安全这一主题直接或间接相关）

（2）搜集有关学校安全事故的案例交给班主任，班主任制作成PPT，届时展示，以引起学生关注安全问题。

（3）搜集一些有关歌颂生命的名言警句，以明确生命存在的意义。搜集好之后交给班主任，班主任也将其制作成PPT展示出来。

（4）思考并确定班会课的主要流程。

（5）明确生活中、学习中存在着哪些危险，我们应该怎样才能远离危险。（这是班会课的重头戏）每位同学都参与。

以上都是非常重要的课前准备，这些准备工作充分了，班会仪式就丰满了，对学生的意义就会凸显。

班级课的实际情形是：

（1）播放歌曲《年轻的朋友来相会》。

（2）PPT展示10多个校园安全事故案例。

（3）PPT展示10多条有关生命或珍惜生命的名言警句。

（4）认识到生活或学习中存在着许多危险：对陌生人不设防，随意下河（湖）洗澡或游泳，不遵守交通规则，打架，未成年驾驶摩托车，听信他人，不懂得保护自己的身体的重要部位……

（5）怎样才能远离危险？不相信陌生人，没有大人陪同时不下河（湖）洗澡或游泳，遵守交通规则，不驾驶摩托车，不打架……

……

严格按照程序进行，整个班会充满着严肃感、仪式感。

电影《小王子》里，小狐狸对小王子说的一段话，很好地诠释了生活中仪式感的重要性："如果你说你下午四点钟来，从三点钟开始，我就开始感觉很快乐，时间越临近，我就越来越感到快乐。到了四点钟的时候，我就会坐立不安,我发现了幸福的价值,但是如果你随便什么时候来,我就不知道在什么时候准备好迎接你的心情了。要有一定的仪式。"仪式感使人在枯燥乏味的生活中有一种期待、一种甜蜜。

仪式让生活变得生动有趣,让人心生一种新鲜感,从而留下了某种深刻的印象,乃至鼓舞人、激励人。

对学生个体而言,仪式是一种客观存在,而仪式感则是一种主观感受。相同的仪式,每个人会有不同的感受。比如同样是一场生日仪式,寿星们会感到心情激动,感觉很幸福,其他人则可能心里翻不起半点涟漪,毫无反应。

成长需要仪式感。所以,人的一生中就存在着那么多的仪式。仅生日仪式就有那么多次,就是为了让人生活在一种期盼当中,一种喜悦之中,一种欢愉之中。尤其是成长中的青少年,他们几乎天天盼望着生日早日到来,盼望着约上几个至交,好好度过那一天。虽说现在的一些孩子可以相约到饭店的包厢里庆祝,但那毕竟是小打小闹,还可能出现问题,而整个班级为他们过生日,则会带来不一样的感受。人多,热闹,还有仪式,那么多人一起过……这些因素,构成了整个生日仪式的独特氛围,可以让小寿星们陶醉,提升他们的幸福感。

主题班会也需要仪式感。仪式感增强了班会的神圣感,让班会主题在学生的心灵世界扎下根。安全教育主题班会,内容丰富,参与者众多,人人感受到"安全"的存在。有听,有说,有看,它们都指向一个主题,那就是安全。

安全教育是每一位班主任工作中的一项重要内容。安全经几乎天天念,时时念,这固然需要,如果能够在有着仪式感的氛围中集中进行安全教育,效果就可能大大提高。若仅仅是诉诸耳朵,由教师来讲述,可能显得单调,显得枯燥,让学生产生厌恶感、排斥感。而一节内容充实,形式活泼的主题班会,则能够让学生难以忘怀。

争当打造理想教室的主人

理想教室建设是一门学问，一门非常重要而实用的学问，但是长期以来却被忽视，而且被严重忽视。现在，到了该重视的时候。

理想教室谁建设？这是很现实的问题。以前的答案是：班主任。现在的新答案是：全体师生。我们都会说，班主任一人，力量有限，作用也有限。但是，很多班主任可能从来没有真正想过要动员全班同学一起参与到理想教室打造的活动中来。所以，一直都以一种老牛拉破车的状态进行着教室文化建设。

发动、动员学生积极参与理想教室建设，很有必要。

理想的教室，是怎样的教室？每个人都有不同的理解。

1."我理想中的教室"演讲

开展"我理想中的教室"演讲活动，让学生思考、琢磨自己心目中的理想教室到底是怎样的，把理想具体化、形象化，展现在每一位同学面前。

我提前半个月，让学生去做好准备，写好演讲稿。

当时演讲的情形，大致如下：

生：几年前，我偶然在一张报纸上看到有关"书香校园"建设的文章，我觉得这个提法非常好。教室是建设书香校园的基础，书香教室建设好了，书香校园建设才有立足点，才有真正的基础。所以，我理想中的教室就是"书香教室"，把我们的教室建设成学生进行阅读的好场所。

生：我非常赞同你的看法，就是要让教室真正成为学生喜欢读书的地方，让我们天天闻着书的香味。

生：我心目中的理想教室是高科技设备齐全的教室。它拥有体现现代科学成就的电子产品，人手一台电脑，拥有电子白板等设备。

生：我的想法可能与大家不完全相同，不知道是否合适。我认为教室应该成为建设学习共同体的场所。我认为班级就应该建设成一个学习共同体。

师：同学们的建议都非常好，都表达了自己对理想教室建设的美好愿望。但我要提醒大家，理想教室的打造，既要理想化，又要关照现实，要有可行性。如果你的理想很美好，但缺乏实现的条件，那也是枉然。对不对？所以，我们一方面要心怀理想，一方面又要脚踏实地。理想教室的建设，寄托着每一位同学对教室的愿望，对班级建设的美好理想。

生：教室应该成为温暖同学心灵的地方，要让每一位同学在这个教室里都感受到集体的温暖，不要成为噩梦诞生的地方。这其实就是要我们团结一心，不要钩心斗角，不要闹哥们儿义气，不要搞小团体。

一周后，大家根据演讲的结果，筛选了这样几个关键词作为理想教室建设的方向，它们是：关爱教室、书香教室、学习共同体、温暖教室……结果，大多数同学认为学习共同体更合适。

理想教室建设的目标确定了，下一步就是怎样建设的问题了。

这里的学习共同体，指的是由班上学生和教师共同组成，指向学习任务的共同完成，以促进师生全面发展为目的，突出学习中的相互作用，通过沟通、交流和分享各种学习资源而相互影响、相互促进的学习集体。

很显然，这是一种新的学习组织的建设，需要全体师生共同努力才能见成效。需要特别指出的是，这里侧重于强调学生这个建设的主体。

要建成这样一个以班级为单位的学习共同体，其难度可想而知。统一思想是至关重要的一步，要将全班同学的思想统一到建设学习共同体上来，这是难度很大的事情。要做好这一工作，先要建立学习小组，让班上一些学习成绩较差的同学在学习上有进步感，有满足感。否则，可能就前功尽弃。而此类学习小组的建立，要根据学生的学习成绩进行搭配。根据学生人数，以自愿为原则，全班共建立了9个学习小组。此外，班上还组织了学习志愿者，以帮助那些学习成绩跟不上的学生，其实主要就是帮助那些成绩较差的学生迎头赶上。从他们进入初中就开始实施，此项工作进行了约一年，一些学习成绩较差的学生，终于有所进步，全班学生的思想基本上得到了统一。当然，这个过程是艰难的，其中的反复也一言难尽。好在有了学生的齐心协力，才没有中途流产。如果仅有班主任的单打独斗，难以坚持下去。

　　班上一位学生学习成绩一塌糊涂，各科成绩基本上都在20分以下，可以想象，他的表现不可能好到哪里去，经常吊儿郎当。他所在的小组，其他几位同学各方面都比他强。他的语文书，不到半个学期便不翼而飞，不知道到哪去了。课本上要求背诵的古诗词，他自然一首都背不了。上课也无所谓，嘻嘻哈哈，同学对他根本没有办法。他们向我反映了情况。我首先从解决他完全被动对待学习的问题入手。我要求他借同学的课本把需要背诵的诗文抄写下来。几天后，我让他把抄写好的诗文拿给我看一下。其实，我主要还是起一个督促作用，督促他抓紧时间完成。没想到，竟然拿不出。理由也很简单：同学不借课本给他。我当即向他的邻桌替他借了课本让他抄写，要求他一周之内抄写完。一周后，我又要他把抄写好的诗文给我看，用以检查他是否尽力。这一次，我满以为他可以拿出让我检查，结果是：没抄。理由仍然简单：邻桌不借，书拿回去了。我仍然没多说话，只是指定了邻桌必须借书给他，否则，后果由邻桌来负。一周后，我再次检查，他拿出了抄写好的古诗文。我一篇一篇、一首一首检查，发现缺段少篇：有的诗文少抄写了一些段落，有的诗文则干脆故意漏抄。我勒令他在三天之内补充完整，否则联系他的家长共同教育。三天后，我又检查。这一次，才算把这件本来非常简单的事情做好了。

　　两天后，我抽查了两首古诗词，看他背诵得如何，竟然成了哑巴，一首都背诵不了。这一次，我不但批评了他，还打算联系他的家长。他一听联系家长，赶紧说："老师，我会抓紧时间背的。请不要联系我爸爸妈妈。"我充分相信了他。又过了两天，我进行抽查，他基本能够比较流利地背诵。

当然，通过与这位学生打交道，我发现：那些学习成绩不理想的学生，原因虽然很多，但有一点不可忽略——懒惰。懒惰到了抄写课文都不愿意。所以，要使他们搞好学习，就要让他们勤快起来。于是，我联系了学生家长，与他家长商量，要求家长与我共同做好教育工作。商量的结果是：早上起来早跑，由家长监督；老师检查语文作业完成情况，每天通报给家长。抓了语文这一科，便可以带动其他科的学习。目的是改变学生懒惰的习惯。

在我们的共同努力下，班上的很多同学的学习态度，都有了较大的转变。

艰难的工作终于换来了班上同学学习态度的转变与学习成绩的提高。这是巨大的收获，也为建设学习共同体奠定了基础。只是万里长征走完了第一步，此后的路程更长，工作更艰苦。

学生学习主体地位的真正落实，不仅仅是班主任的事情，还需要与各科教师协调。各科教师的教学，需要与学习共同体建设的要求相一致，否则，可能前功尽弃。这是对我这位班主任的考验。有的班级工作，就是由于与任课教师的协调问题而出现了较大较多的反复。好在我在本校工作几十年，与班上任课教师的关系比较好，他们都非常愿意配合。然后，我与学校年级主任商量，由他出面，召集班上任课教师召开了一个座谈会，大家集思广益商讨如何做好协调共育。老师们都纷纷表示尽力支持。

基础打好了，任课教师也尽力配合，"万事俱备，只欠东风"，这个"东风"就是学生的齐心协力。

2. "我为建设理想教室做贡献" 主题班会

班会课上，学生们踊跃发言：有的表示以后上课要积极思考，积极主动交流；有的说，大家心一定要齐，"人心齐，泰山移"嘛，有了大家的共同心愿，学习共同体才可能形成，才可能名副其实，否则就徒有虚名；有的则认为作为理想教室建设的主人公，一定要解放思想，不能拘谨，要积极主动与大家多交流，也不要以为只是一部分人的事情，而是班上每一位同学的事情；有的认为大家要相互关心，相互帮助，共同进步……

会上，大家还推选了监督小组，专门监督班上一些同学的行为，以及各项工作的落实情况。

名义上是学习共同体，实质上是一个包括了班级工作各方面的集体，需要各项工作的共同推进。例如卫生、纪律、学习、劳动等，都需要协调推进。

都说"万事开头难"，实际上，过程也艰难，只是我们没有去琢磨而已。

学习共同体的建设，是一件新事物，对班主任、对学生都是考验。尤其是班主任，需要付出巨大的努力，其中的甘苦，只有自己心里最清楚。最难做的，是做好双差生的工作，既要转变其学习态度，又要帮助其提高学习成绩。过了这一关，就拥有了良好的基础。学生们各人有各人的特点，需要得到的帮助与指导也各不相同。难题多，但都需要一一解答，乃至彻底解决。还有一个难题，就是与任课教师的沟通，须得到他们的支持。没有他们的支持，也不可能取得成功。这就在很大程度上需要班主任本人的个人魅力了，当然也需要沟通技巧，还需要任课教师的高度理解。缺少了这些，很可能难以获得最大程度的支持。还有一个问题是中途换任课教师，必须从头再来。数学老师中途调换，我就遇到了问题，因为新的数学老师个性较强，比较难沟通。好在后来还是全力支持了。

在设计礼貌用语活动中得到温暖

俗话说"良言一句三冬暖,恶语伤人六月寒"。礼貌用语,是人们日常生活和学习中使用的文明语言,它是沟通人们之间良好关系的纽带,也是一个人文明程度的重要体现。学会运用礼貌语言,是学生学习和生活的需要,说到底,就是学生成长的需要。

我组织学生开展了设计礼貌用语活动,就是要通过活动,让学生学会用文明礼貌的语言与人交流,和人交往,建立良好的人际关系。同时,礼貌语言的使用,也可以净化学生心灵,让他们在成长的过程中,把礼貌用语注入心田,从而学会运用语言成功与他人交往。

设计礼貌用语,并非要求学生抛开已有的礼貌用语不用,从零开始,重新学习礼貌用语,而是让学生明白:什么时候该用什么语言与人交流,和人沟通,从而赢得他人的友好态度与尊重。

礼貌用语是规范的、文明的语言,是尊重他人的语言。现在,日常生活和学习中的语言,相对而言比较规范,比较文明。但是,网络语言就不那么规范,不那么文明礼貌了。在有些人看来,网络的特点是不受约束,意味着可以肆无忌惮,可以为所欲为。因此,不文明、不礼貌的语言就比较多。这是一种文明的遮蔽,也是对文明的亵渎。学生应该学会说文明话,用礼貌语言。

《说岳全传》上有这样的故事:

一次,牛皋向一位老者问路,他只是坐在马上向老者吼:"咳,老头儿!爷问你,去小校场走哪条路?"听了此言,老人心里很生气,不但没有给他指路,反而骂了他一句"冒失鬼"。过了不久,岳飞也恰好经过此地,他下了马,上前向老者施礼,问:"请问老丈,方才可曾见一个骑黑马的?他往哪条路上去了?"老人见岳飞如此斯文,很懂礼貌,就非常耐心地给他指了路。

同样的事情,待人礼貌与不礼貌,给人的印象就不同,得到的结果也相异。

为了上好礼貌用语设计的班会课,我做了比较充分的准备,在网络上搜集了一些生活和学习中常见常用的礼貌语言,并做好了PPT。

课上,我先给学生讲了一个故事,这故事不长:

几位同学一边走一边说笑,迎面走来了一位老师。其实,他们并不认识这位老师。当老师经过他们身边时,有一位同学向老师鞠了一躬,并说了声"老师好"。老师则很高兴地回答了一句"你好"。别的同学仍然说笑着,没哼一声。老师走远了。有同学说那位向老师鞠躬的同学有病,根本就不认识的老师还鞠躬,只不过是装装样子,是专门装给别人看的。那位同学则不以为然,但也没有反驳,只是轻轻说了一句:做一个有礼貌的人是学生的最基本要求。

你们对此有何高见?那位学生的做法,应该吗?他的说法,有道理吗?

生:我认为,那位同学的做法是对的,他应该那样做。在学校,老师是长辈,不管认识与不认识,都应该尊重。再说,我们作为晚辈,作为求学者,应该学会礼貌待人,不管是熟人还是陌生人,都应该尊重。

生:我觉得我们应该批评那几位对老师不理睬的同学,他们的做法与说法,都是错误的。错就错在自己不尊重老师,还挖苦别人。

生:看来,对于文明语言,重要的已经不是要不要说的问题,而是该怎样说的问题。

师:文明语言,礼貌用语,都是温暖人心的语言,应该让礼貌语言流淌在我们的学习和生活中。

下面,请大家回顾一下,在我们的生活当中,学习当中,存在着哪些不文明语言?大家去搜集一下,哪些不礼貌、不文明语言给我们带来了不愉快？

生：原先，不礼貌、不文明的语言，一般只存在于男生中，女生被认为是不该说不礼貌语言的人。现在，在校园里，我们也常常可以听到一些女同学脏话不离口，而且还把这当作时尚，当作酷。这实在不应该。当然，我不是只说女生不应该，而是说男生女生都不应该说不礼貌的话、不文明的话。

生：有一次，我班一位同学不小心踩了别人的脚，连一句"对不起"也没说，结果，人家不高兴，还差点打起来了。还好，班上有几位同学也在场，打了个圆场，才没发生不愉快的事情。否则，后果可能就严重了。

生：因语言不礼貌而导致不愉快，这样的事情很多。就在我们班上，昨天还发生了这样的事。午饭时，一位同学不小心将菜汤溅到班上其他同学身上，他竟然不知道说句"对不起"，结果闹得不愉快。其实，就那么三个字，真有那么难说出口吗？

师：大家举的这些事例，都发生在你们自己身上，不懂得礼貌，不习惯说礼貌语言，这都是事实。那么，为什么会出现这样的事？原因在哪里？

生：之所以会因不懂礼貌语言而导致矛盾，我认为主要原因还是在我们自己身上，我们从小没有受到良好的教育，也缺乏良好的社会环境。在家里，我们从小生活在小圈子里，说不说礼貌语言，关系并不大，并不会影响我们的生活和学习。况且，我们周围的人，说礼貌语言的也不多。

生：我生长在乡村，虽然有的老一辈人非常讲究礼貌，但是，大多数人缺少文化，认为在熟人中不说礼貌话影响不大。

师：我给大家说一件事。十多年前，有一位学生对别人非常讲礼貌。而且，他兄弟姐妹几个都这样。后来，遇到了他的父亲。通过接触，我发现，他们一家人都非常懂礼貌，尤其是他们的父亲。所以，一个孩子懂不懂礼貌，会不会礼貌用语，很大程度上，是家庭教育的结果。不知道大家发现没有，你周围的人，乃至你的亲戚朋友，在一个家庭中懂不懂礼貌，会不会礼貌用语，不是一个人的事，而是整个家庭的事情。也就是说，会不会礼貌用语，与整个家庭有关。"一荣俱荣，一损俱损。"也就是说，在你们身上，刻着家庭的深深烙印。一些同学不会使用礼貌语言，直接与家长有关。

你们不妨去做一下观察，看看你们的父母亲，他们在日常生活中，常常使用礼貌语言吗？再反思一下自己，看看你自己的礼貌语言的运用程度，与你们的父母亲有多大关系。

生：几年前，我阅读过有关文明礼貌方面的一本书，里面有这样的表述：说不说礼貌语言，不仅仅是语言的问题，还是一个人心灵的问题。我的理解是：最为重要的，还是会不会尊重人的问题。会尊重人，自然要说礼貌语言；不会尊重人，自然认为没必要说礼貌语言。我这样理解，不知道对不对。

师：你说得很好，就是这样。会不会使用礼貌语言，深层次的问题就是懂不懂礼貌，文明不文明。一个接受了现代文明洗礼的人，肯定是更礼貌的人。

怎样运用礼貌语言？每位同学都去琢磨一番，准备一番。如果再具体一点，就可以变成这样的问题：在哪些情况下使用哪些礼貌语言？两天后交流。

两天后，我把学生的思考结果进行了整理，列出了下面的框架：
师生间的礼貌用语；
学生间的礼貌用语；
课堂上的礼貌用语；
寝室里的礼貌用语；
餐厅里的礼貌用语；
进出校门的礼貌用语；
其他。

其实，这只是一个大致的框架，每个方面还可以分得更加细致。例如同学间的礼貌用语，就可以分为打扰别人、被人帮助、请求相助、路上相遇、听到致歉、不小心碰到别人等情况。

当然，这里也仅仅是列举性质的，生活和学习中的情况是复杂的，每一种复杂的情境,都存在一个礼貌与否的问题,都需要领会应对。但有一点不可否认:只要有一颗尊重、理解他人之心,就可以通过礼貌语言协调好与他人的关系,与他人和谐相处。

设计好了礼貌语言之后,全班同学每人一份,要求他们在日常生活和学习中积极实践,广泛运用,从而与他人拥有良好的关系。

懂不懂礼貌,想不想变得有礼貌,这是关系到心灵世界的大问题,关系到学生能否健康成长的问题。

习惯成自然,文明礼貌也是这样。一个文明人,一个懂得礼貌待人的人,并非天生,而是后天养成的。

我要求每一位学生心中装着他人,懂得尊重他人。这是最为重要的。如果在自己的日常生活与学习中,常常运用礼貌语言,心灵就会得到纯化,礼貌语言的使用就会成为一种自然。

"蓬生麻中,不扶自直",说的是环境的重要作用。其实,不生在麻中,蓬也可以直,关键看蓬想不想直。一个想尊重人的学生,只要自身努力,就可以做到礼貌运用语言。

开展此类活动,最为重要的是要触动学生的心灵世界,如果能在他们的心灵世界扎下根,对他们的健康成长就有着巨大的促进作用,否则,道理讲得再多,也不能触动他们,效果也不会很理想。班主任要尽量用感人的素材,并发动学生讲自己或他人的故事,进行生动丰富的交流,让每位学生都浸润其中,使文明礼貌在他们心中落地生根。

案例中,学生对故事的理解,对生活和学习中现象的感触,老师和同学讲的小故事,都能够触动学生,再让他们设想应该怎样才能用好礼貌语言,就水到渠成了。

学生能够运用礼貌语言与人交往,交往双方都能够得到温暖,和谐的人际关系就建立起来了。

与任课教师共育

我们可能对这样的现象并不陌生：

任课教师遇到什么事，首先想到的是告知班主任；

不论在什么情况下，任课老师只关注自己的一亩三分地；

看到所任教班上的一些问题，无动于衷；

……

教育不能单打独斗，向来都是大家携手共进的。

一个班级的建设，各科教师形成合力，教育的效能才更明显，否则，就有可能相互抵消。一名班主任，能力再强，也不可能一人包打天下，需要任课教师的协力配合。

一位班主任，自己工作能力强，能够把班级管理好，靠的是能力。能够联合所有任课教师管理好班级，靠的是智慧。

班主任是现实生活中具体的个人，任课教师也是现实生活中具体的个人，这些来自不同地方、性格各异的人为了一个共同的目标走到了一起，他们在培养学生，使学生健康成长方面目标一致，存在着合作的基础。

同时，我们也应该看到，老师们有着不尽相同的个性、爱好、知识、特长、对学生的要求等。一个班级一般有六七位任课教师，要把他们的精力集中到班级管理上来，需要班主任进行多方面的工作。

与任课教师共同做好班级管理工作，基础在于让各任课教师与班主任心往一处想，劲往一处使，这样才能奏效，否则，就容易离心离德、同床异梦。

那么，怎样才能让任课教师与班主任一起尽心竭力形成合力？

（1）多让学生认识任课教师的优点。在以往的班级工作中，一些班主任基本上忽略了向学生介绍任课教师这一环节。结果，造成师生之间不了解，容易形成心灵上的隔阂。

任课教师第一次上课时，千万不能忽略了对他们简单介绍。例如英语老师第一次上课前，我向学生做了简单介绍："李老师年轻漂亮，英语专业毕业，口语顶呱呱，英语写作也是一流的。希望你们以后好好学习英语。"介绍时，多介绍老师的优点、特长，这些对学生特别有吸引力，要着重介绍，让老师在学生的心目中留下良好的第一印象。这样的介绍，也可以让家长放心，可以打消家长的顾虑。因为家长对任课教师特别关注，个别家长甚至到了苛刻的程度，担心任课教师一换，影响了孩子的学习。有了这样的介绍，老师在家长心目中的第一印象就比较好。任课教师对班级、对班主任也就有了好的印象，以后的合作就有了基础。

（2）妥善处理好任课教师与学生的矛盾。这一点也会影响任课教师的情绪，从而影响合作。实际上，这也是一个比较棘手的问题。师生之间如果产生矛盾，班主任要耐心倾听任课教师的陈述，先把情况了解清楚，再与学生沟通、交流，尽量全面掌握情况，取得双方的理解。冷静最为重要，班主任不要冲动，不要在对情况不了解的情况下，对学生劈头盖脸地一顿批评。语言要温和，态度要和蔼，否则，会激化矛盾。然后，争取双方沟通，矛盾基本上能够解决。而班主任如果能够妥善化解教师与学生的矛盾，双方相互理解，任课教师就能与班主任站在同一边，齐心协力，共同做好班级工作。

（3）协调好各科之间的关系，这也很重要。如果存在着各科教学的不平衡现象，任课教师之间就可能产生矛盾，很可能影响学生的成绩。例如，有的科目任课教师花的时间多，影响其他科目的学习，从而影响学生各科成绩的平衡性，这时，班主任就必须出马协调。

当然，平时多与任课教师沟通，多征求任课教师的意见和建议，让他们感觉受到了尊重，这也不可或缺。

（4）共同研究班情、学情。这是共育工作中的重要一环。一些班主任之所以班级工作单打独斗，和他们平时缺少与任课教师一起分析、研究班级情况与学生的学习情况有关。月考、期中考试、期末考试前后，都是研究分析的最佳时机。尤其是在考试成绩出来之后，大家就可以坐在一起，共同分析，看看哪一些学生该进步的未进步，不该退步的却退步了，哪些同学保持了成绩，哪些同学又原地踏步。这些，都是最为具体生动的分析素材。还可分析哪些学生各科之间成绩存在着不平衡现象，哪些学生哪一科还可以有提高的空间……

这些，都是任课教师希望掌握的，也可以掌握的。当然，以前都是各科教师各自分析自己本科的情况，他们所得到的信息比较零碎。大家坐在一起，所掌握的情况就比较全面，从而采取相应的措施，就不至于各科之间因竞争导致努力相互抵消。实践证明，这样做，效果绝对要比单独分析掌握情况好得多。各任课教师之间，就不至于抢时间、争讲台，各自都会筹划好自己的一亩三分田该怎样耕耘才能收获更大。

当然，共同分析、研究，不限于学情及考试情况，还可以涉及班上的纪律、思想动态、师生关系等方面。几位任课教师一起综合分析，所得到的信息，肯定要比班主任单独掌握来得更全面，也更深刻。因为班主任一个人的视野毕竟有限，不可能赛过任课教师的合力。例如我班上的数学老师，与学生关系比较密切，交流比较多，对班上情况掌握得比较多，很多时候都是他提供了重要的信息，才发现和解决了一些难以解决的问题。学生之间相互包庇的现象比较普遍，不到关键时刻，他们不会透露，只有对关系好的老师，他们才会透露。

（5）多征求任课教师的意见。班上制定新的措施，最好先征求任课教师的意见，看看他们有什么好的意见和建议。例如制定班级公约，我事先征求了任课教师的意见。以学生为主体，发动学生讨论，广泛征集学生意见等，就是英语老师提的建议。这是比较中肯的好建议，实践已经证明。

征求意见要真心实意，不能只做表面文章，老师们的好建议一定要采纳。当老师们看到自己的建议被采纳时，他们就会有一种成就感，感觉到自己存在的价值，对班主任的工作支持，力度会更大，积极性会更高。

（6）倾力支持任课教师的教育教学工作。工作上的支持，都是相互的，而不是片面的一方支持另一方。任课教师的教育教学工作，也需要班主任的支持,缺了班主任的支持,效果可能会打折扣。例如英语老师上课时喜欢搞活动,而搞活动就需要学生的积极参与,但一些英语成绩不理想的学生并不怎么积极。英语老师向我反映了这一情况。我一听,这是好事呀,好事就应该极力支持。我知晓班上到底是哪几位同学不愿意参与的情况后,立即找他们谈话。结果,他们告诉我,不是不愿意参与,而是基础太差,连单词都认不得几个,没法参与。我把情况告知了英语老师,她才明白了所以然。针对此种情况,她要求那几位同学加强英语单词过关训练,给他们制订了计划,常检查督促。结果,那几位同学的英语能力有了一定的提高,活动的开展就比较顺利了。有的活动,支持不能仅是口头上的,更要身体力行。历史老师要求学生对某一课的学习,写写心得体会,以强化学生的理解与掌握,但他写作能力一般,请我帮忙批阅学生的文章。我很愉快地答应了他的要求,就像批改作文那样,批改了学生的体会文章,写得好的,还在班上宣读,历史老师很感动。

我倾力支持,赢得了任课教师的赞叹。结果,他们不支持我的工作都不好意思。这叫作以诚相待,以心换心。

(7)不过多打搅任课教师。与任课教师的共同育人,更多地体现在各科的教学工作中,而不是平时的班级日常管理中。班主任毕竟负有更多、更大的责任,管理好班级是班主任的本职工作。而任课教师的本职工作则是教学,不是班级管理。平时,没什么大的事情,不要去惊动他们,打搅他们。这一点,我们必须明确。否则,会招人嫌。能自己处理的,就自己处理;自己不能处理的,才请求他们支持。

共育的对象是学生,是学生的健康成长。任课教师与班主任的共育,不是对班主任的私下支持,而是工作上的帮助。班主任不要拉帮结派,不要搞小团体,更不要拉山头。任课教师的支持,是工作上的,而不是私人感情上的,这是我多年来坚持的一项基本原则,否则,就容易走偏。

第三章 让学生做最好的自己

梁启超在《少年中国说》一文中说："今日之责任，不在他人，而全在我少年。少年智则国智，少年富则国富；少年强则国强，少年独立则国独立；少年自由则国自由，少年进步则国进步……"中学生，正处于青春美好年华。有人把人生比作一出戏，那么，中学时代就是戏中最为精彩的一幕。怎样让学生演好人生这一最为精彩的一幕，对班主任来说是非常值得斟酌的。

这一幕的演出，演员需处在最佳状态，否则，就可能把戏演砸了。

让学生做最好的自己，是让学生在学习与其他活动中展现出自己最好的一面，让学生看到自己的实力，发现自己的特长，从而成为未来社会的建设者和接班人。

让学生学会控制自己的感情

一般而言，一个情绪情感健康的人，具有以下特点：

1. 开朗、豁达，遇事不斤斤计较，不为一些鸡毛蒜皮的小事动肝火或郁结于心。
2. 情绪正常、稳定，很少大起大落或喜怒无常，能承受欢乐与忧愁的考验。
3. 能给人以爱和接受别人的爱，待人热情，乐于助人，有同情心。
4. 谈吐风趣、幽默、文雅。
5. 自信、乐观、有主见。能独立地解决问题，创造性地工作。
6. 明智、少偏见，能正确认识自己和别人的长短处。
7. 对前途充满信心，富有朝气，勇于上进，坚韧不拔。
8. 能面对现实、承认现实和接受现实，并能按社会的要求行动。
9. 对平常事保持兴趣，能不断从生活中得到美的享受，快乐的享受，会工作也会消遣。
10. 尊重他人，能与人为善，和睦相处，建立良好的人际关系。

（源自：https://wenda.so.com/q/1527898281218509）

一个能够控制好自己的情绪情感的人，总是能够与他人拥有良好的关系；而一个情绪容易失控，容易激动的人，则可能常常与别人闹矛盾，在他们的眼里，班上简直没有一个同学看得顺眼。

不要说学生，一些成年人，动辄打人、骂人，乃至杀人放火。很多情况下,事情的起因很可能仅仅是一件非常小的事情。

一次,班上一位同学因为一本书的归还问题,与人产生了矛盾:脾气暴躁,话没说上两句就骂人,后来还打人。

针对这件事,我在班上开展了一次大讨论。主要围绕两个问题进行:你认为某某同学动辄打人、骂人的做法,不对在哪里?这个问题,是否只有打人这一种解决办法?

把需要讨论的问题具体化,学生就不会感觉到难以入手,不知道思考的方向。

由于有了具体的例子,问题又具体,学生的思考与讨论针对性比较强,就基本上能够心明眼亮。在讨论中,有学生认为:某某同学这样的做法肯定是不正确的。不管怎么说,打人、骂人肯定不对,肯定错误。根本不值得因这样的小事情而与别人大打出手,如果传出去,会被人耻笑,笑我们班的同学没修养,德行差。有学生认为:这样的小事充分暴露了自己性格上的缺陷,德行上的不足,太不应该了。大家都是一个班的同学,有必要因那么小的一件事而那样做吗?本来就是自己没有理,却还要打人、骂人,这与强盗有什么差别吗?强盗不就是这样的吗?我们在电影和电视剧中所看到过的强盗就是不讲道理的人。他们不管三七二十一,想抢就抢,想杀就杀,毫不讲理。借人东西要在约定的时间内归还,归还不了,要事先说明原因,取得人家的谅解。你打人了,骂人了,问题还是没有解决呀。打人、骂人,只不过是出出气罢了。

这样的分析,就比较到位,也比较深刻,让所有学生都懂得遇到这样的事,打人、骂人是不对的。

至于怎样解决类似的问题,学生们也给出了自己的答案。

他们认为:这种本来可以避免的小事却以粗暴的方式解决,只会把简单的问题复杂化,还伤害人。解决一个问题,办法不止一种,但有的同学脑子一根筋,心目中只有自己的想法,采取了最不该采取的措施。借了别人的书,没有按时归还,这本来就是自己不对,如果向人家认个错,赔个不是,或者说明一下原因,或许就能够得到别人的谅解,就不至于闹到打人、骂人的地步。

有的同学说：自己原先也遇到过类似的事情，就是因为向别人解释清楚了，得到了人家的原谅，结果小事化了，皆大欢喜。

很多同学都谈到，遇到事情，千万不能激动，不能冲动。俗话说，冲动是魔鬼。一冲动，本来简单的事情就可能不再简单了。本来，你借了别人的书，按时归还，这是做人的基本规则。你没按时归还，人家说了你几句，你就生气，就激动，就冲动，这是很不讲道理的行为。这个时候，你应该想一想：这是谁的错？我的？他的？这样想一想，而不是把责任全部推给别人，从而埋怨别人。如果能够这样想，问题就很简单，可以发现自己的不对，自己的错误。头脑冲动，遇事首先埋怨别人，这是最不应该的。

有一位女同学谈到：自己以前也是这样，总是喜欢抱怨别人，很少针对自己多问几个为什么，多想想原因在哪里。凡事都是别人的错，自己总是对的。这样的想法，本身就是错误的。难道事实真的是这样？错的总是别人，对的总是自己，这是最大的错误。后来，在老师的引导下，她发现，原先自己的一些想法和做法，确实很荒唐，很可笑。现在她再也不那么想，不那样做了。她还提出了方法，那就是：遇到事情，不能头脑发热，需要冷静，需要多用脑筋想一想。

看来，学生们小小年龄，对一些问题的看法，虽然还存在着稚嫩之处，但总体上很不错。他们能够结合自己的经历，能够针对案例进行深入的思考，也提出了一些比较实在、比较管用的措施与办法，非常难能可贵。

在那一次讨论中，我还让学生明白：

1.每件事有一百种做法。遇事头脑要冷静，不激动，不冲动。

2.要包容、宽容他人的错误，他人的不足。原因是，大家都是同学，都是朋友。珍惜今天在一起的好时光，大家共同走过一段美好的日子。

3.生气发火是用别人的错误来惩罚自己。这是非常不应该的。而改正错误才是最为根本的措施，最为需要的做法。

4.最为重要的就是：学会与人相处，学会和他人一起学习，一起生活。

5.朋友不怕多。要学会与各种人沟通，学会与各种人打交道。

……

怎样让学生学会与人相处？如何让学生明白怎样做才能不冲动？老师大张旗鼓地宣传，铺天盖地地讲道理是我们常见的方式方法。但我的体会是，与学生的具体实践相结合，基于实践来说理，可能更有实效。

做最好的自己，这是人人都拥有的愿望，但很多人难以将其变为现实。原因固然复杂，不能控制自己的情绪情感，则是不可忽视的原因。

情绪让一些学生意乱情迷，不能理性对待自己，对待他人。因一件鸡毛蒜皮的小事都会失去理智，失去分寸，是常见的事情。案例中，学生们所提出的那些控制自己情绪情感的办法，虽然不那么全面，也不那么有条理，但都是他们自己个人实践、个人思考的结晶，凝聚着个人的智慧，是值得珍惜的宝贵经验。

学生能够控制好自己的情绪情感，就能控制好自己的日常行为，从而就能够为自己优点的彰显创造优良的条件，不被自己的情绪情感蒙住了眼睛。

情绪和情感的力量是巨大的，它既可以成就自己，也可以损毁自己。关键是要学会控制，学会调控，而控制与调控的权利，就在每一位学生自己手上。

让兴趣成为学生的燃烧点

著名科学家杨振宁说:"成功的秘诀在于兴趣。"抓住兴趣,再加努力,成功就有希望。

的确,兴趣让人产生强大的动力,从而孜孜不倦,不断走向成功。

对学生而言,其成长的确需要兴趣的强大推动力。但要凸显兴趣的强大动力,情况有点复杂,要看怎样的兴趣、兴趣发展到哪种程度。我们的观念、我们的教育体制决定了要对兴趣进行良好的管理,否则,有兴趣也不一定就能促使学生成为优秀的自己,可能还会把学生燃烧到糊涂、走偏的地步。至少在他们的求学阶段如此。

兴趣可以点燃学生的热情,可以让他们为此付出努力,从而走向人生的辉煌。但对成长中的学生而言,兴趣是双刃剑,这把剑舞不好还可能伤害了学生,影响他们在求学期间的发展。班主任对学生的情况了解比较全面,可以根据学生的具体情况引导好学生,让兴趣真正地助其健康成长。莫让燃烧起来的兴趣使他们剑走偏锋。

在考试体制没有大变化的前提下,片面的兴趣很有可能会让学生意乱情迷,专注于某一学科,乃至影响了升学。这样的例子不是没有。所以,班主任就必须特别警惕,要让学生的兴趣燃烧在正点上。这样的燃烧点才是真正需要的着火点。班主任点火就应该"点"在此处。

班上曾经有位学生,语文特别好,特别喜欢写作,写的很多文章被我拿到班上作为范文读给全班学生听,有的还发表了。在我的鼓励下,他对写作更加兴趣浓厚,更加精益求精。但是,他的这种兴趣却妨碍了他对其他学科的学习。课余时间,他基本上把精力都放在了写作上,其他的功课却荒废了。

针对他的这种情况,我调整了对他的态度。在一段时间内,停止了对他的鼓励,也没有把他的作文拿到班上读给学生听。对他,这是一种明显的冷落。我没有立即找他谈话,让他自我反省。过了一段时间后,我才找他谈话。

那是在期中考试后,我拿出了班上同学的考试成绩。他的成绩处于倒数第10名,再退就是完全的倒数了。也即是说,他已经意识到,自己没有退路了。他是个聪明的学生。于是,他调整了策略。根据我的观察及班上同学的反映,他在数学等其他科目上所花的时间,是原先的好几倍。看来,我的冷处理及与他的谈话见效了。

果然,他在保持自身优势的前提下,其他各科成绩都有了较明显的进步。一个学期后,成绩已经排在班上前10名了。

尽情燃烧的写作兴趣,虽然让他发挥了自己的特长,自己的优势也得到了充分的展示与发挥,如果任其继续燃烧下去,则有可能严重偏科,会直接影响其整体学习。作为他的班主任,我发现得快,纠偏及时,才没有让他的兴趣引导其片面发展。虽然这种片面发展,可能对他将来的人生走向会产生积极影响,但至少在眼前,对他的发展而言是不利的。而他的整体成绩的提高,则会让他更好地在班上立足,也为他此后的人生发展奠定基础。

当然,在他的总成绩有所提高之后,我又开始关注他的作文了。只不过,这时候的关注,就不仅仅是表扬鼓励了,还有批评与引导,批评他作文存在的缺陷,例如描写不够细腻、开头还可以再斟酌,等等。很明显,这是在对他提出更高的要求,促使他向着更加完美的目标迈进。这时,他虽然在写作上花了一定的时间,但显然没有像过去那样,把所有可用时间几乎都花在写作上,他并没有放弃其他科目的学习。他的写作热情并没有熄灭,而是建基于各科学习均衡发展。

烫手的山芋,对任何一位教师而言,都是难以拿捏在手的,必须掌握好度。鼓励与抑制,都必须控制在一定的度之内。也就是说,既不能使学生因对某一课程有强烈的兴趣而耽误了其他科目的学习,也不能因此完全抑制了他的兴趣，否则，我们就是在埋没人才，在封杀拔尖者。

现实中，对某一门课程特别感兴趣的学生，有一定的数量。他们往往一门独好，一花独放，其他课程则可能暗淡。班主任的责任就在于，不对他们的兴趣爱好泼冷水，而是鼓励他们各门课程都要学好。而且，很多情况下，提醒他们各科成绩平衡易，帮助他们补短板难。说实话，案例中的那位学生，如果没有我动员其他教师帮助他学好其他课程，使其树立信心，恐怕他写作的兴趣都会失去。这个过程，其实很艰难，且存在着反复。

没有谁会否认兴趣对人的成长与发展的意义，但在人生的某一个阶段，兴趣的发挥需要加以关注。

比如迷恋阅读，是部分学生的兴趣爱好。他们一天到晚手不离书，整天捧着书本，甚至上课也偷偷摸摸地读着。

我们正在建设学习型社会，学生喜欢读书，按道理是天大的好事。可就像喜欢写作一样，如果过分沉迷，就可能影响了各科的学习。

对于这种现象，我没有明确地抑制，而是顺势引导，让他们写书评。读了一本书后，就写一篇书评。这样，对他们的要求就高了，至少可以抑制他们把读书当作消遣的心理，迫使他们必须认真起来，否则就难以写出书评。

于是，他们带着一定的任务阅读。但一开始，他们并没有写出让我眼前一亮的文章。我引导他们在阅读方法上加以注意，用画杠杠、简单批注等方法进行阅读。从此，他们的阅读真正起到了促进学习的作用，积累丰厚起来了，文章也更有内涵了，促进了语文水平的提高，也帮他们树立了学习信心。

人的任何一种兴趣，若长期沉浸在同样的水平上，则可能变成消遣，变成对时间的打发。实际上很多人刚开始时对兴趣爱好怀着极大的热情，并投入一定的时间和精力，但是，需要他们付出更多的努力、更多的智慧的时候，却害怕了，开始打退堂鼓。还有一种情况，一些人热情不减，也想有所提高，但苦于找不到门径，只好长期徘徊。前者缺乏毅力和意志，后者缺乏引导和指点。对前者，需要鼓劲；对后者，要给予引导和指点。

学生拥有了某种兴趣，能够长期坚持下来就很不错了，班主任需要为其鼓劲,帮其树立自信心,引导他们攀登更高的台阶;或者让他们在自己的兴趣爱好中看到自身的能力,看到自身的成就,让他们拥有一定的成就感。此话说起来容易,做起来并不简单,需要教师有极大的耐心,为他们确定阶段性的目标,让他们一步步前行,取得一个个成就。

而对那些有兴趣却无提升之路的学生,教师的主要作用就在于指路:为他们指出一条适合他们的前行之路。

学生喜欢阅读,我给他们指出了阅读之后撰写文章这一条路,为他们打通了通向成功道路的最后一公里,就可以促使他们更加认真地阅读,阅读之后又需要认真思考,否则,所读之内容就不能成为自己头脑里的东西。

写作的前提是思考。思考什么?思考与阅读内容相关,又与自身体悟相关的东西,把它们融合在一起,文章的内容就有了。但要将内容转化成文字,尤其是成篇的文字,还得继续琢磨,继续努力,否则,仍然难以成章成篇。

经过这样一番"折腾",就不怕学生的语文能力不提高,兴趣促成长就可能成为现实。

人生难得一兴趣。但并不是一旦拥有,就一定能行。还得细加观察,细加分析,才能发现兴趣对不同的人,乃至对同一个人不同人生阶段的意义与价值,否则,一看到学生沉迷于兴趣中就高兴得不得了,那绝对是一种盲目。

为自己找优势

优势，每个人都有。有的人对自身的优势没有意识到，更没有发挥好，只是一味效仿他人，结果画虎不成反类犬，彻底丢失了自我的优势。

为班上各方面表现平庸的学生找优势，是班主任的责任。

"认识你自己"，自从有了人类之后，认识自己就成为一个永恒的主题。长期以来，人们都在为认识自我而殚精竭虑，而奋斗努力。但是至今，人们仍然把人的自我认识当作一个难题。这是就人类的整体而言，如果具体到未成年的学生身上，则更为艰难，更为困难。

根据我的观察，班上的一些同学，各方面表现虽不能说特别优秀，但也没有差到不可救药的地步。这些学生，就非常需要老师为他们找到足以立身、足以骄傲的资本，使他们在此基础上继续发展自我。

1. 为班级找优势

学生都是班级成员，班级有了优势，每一位学生脸上都有光，都有为班级争荣誉的心理。这是一个大环境。在这种大环境中的每一位学生，都有光荣感、使命感，从而增强了集体感，个人也能得到发展。

发动学生自己找，这是有效的方式。班会课上，学生们纷纷发言，谈自己班级的优势：

生：我们班其实存在着很多有特长的同学，这就是班上最优秀的资源。现在的问题是：怎样把这些资源的潜在优势发挥出来？

生：我们班大个子同学多，他们拥有体育方面的优势。他们人高腿长手长，打篮球，跑步，都是好手。可以为班上争光。

生：班上还有几位同学歌唱得不错，以后在学校的文艺晚会上可以大显身手，大放异彩，这也是班上重要的资源。

生：有的同学作文写得好……

生：有的同学有讲故事的才能……

……

同班同学，天天生活在一起，学习在一起，彼此之间比较了解。有的甚至小学就是同班同学。以前，他们虽然了解班上同学的优点、优势，但没人点赞。现在，就特意给他们被点赞的机会。大家把这些都"抖"出来，在班上"出名"了，给人一种了不起的感觉，从而觉得自己的班级很不错，自豪感油然而生。

文艺、体育、写作……这些都是可以为班级争光的优势，对班级来说特别重要，特别有价值。

全班学生对班级充满了自信，每一个具体的人，就不至于怠惰，不至于浑浑噩噩。

2. 为学生个人找优势

当然，最为重要的，还是要为每一位学生找到自己的优势。只有这样，才能帮每一位学生树立信心。

要为每一位学生寻找优势，班主任必须敞开胸怀，必须在观念上开放，而不必把自己的眼界仅仅盯在升学考试上，否则，就会失去寻找的准星，出现眼光上的偏差，把学生引领到应试那唯一的一条路上去。这是一个观念问题，实际上也是一个观念指导下的实践问题。它直接关系到怎样去寻找，眼睛里能够看到什么。如果把思路紧盯在应试上，一些成绩不理想的学生，很可能会被认定为无优势可言。相反，如果眼光放开，则可以看到一些与应试不那么直接相关的优势，例如讲故事的优势、做事认真的优势等，就能够看到学生身上更多的闪光点。

为学生找优势，不仅仅是一个"找"的过程，更应该是一个全面接触、全面了解学生的过程。没有对学生比较全面的了解，也就不可能为学生找到自身的优势。只有在对班上所有学生了解得比较多、比较全面的前提下，才能发现学生的个人优势。例如对某位学生比较了解，就知道他擅长什么，不擅长什么。他所擅长的，就可能是他的优势。当然，只靠班主任一人，肯定是不够的，需要发动全班同学积极参与才能做到。

3. 为同桌找优势

对自己的同桌，学生比较了解。他们天天在一起学习，甚至在一起生活，对彼此的习性、生活习惯、学习习惯，乃至为人处世等，都比别人了解得更多、更全面、更深刻。

这一招果然有效。我要求每一位同学，为自己朝夕相处的同学找优势，并写一段话，200字左右。要包括如下内容：同桌的优势，优势有怎样的表现，优势对同桌有何意义……然后给同桌看，以验证是否真实。最后全班交流（读自己为同桌所找到的优势）。

生：我的同桌有绘画的才能。我发现他非常喜欢绘画。课余时间，常常画画，而且，在我看来，画得还可以，如果继续发挥下去，就可以成为他的优势，可以为他将来的发展，插上腾飞的翅膀——助他成才。

生：我的同桌，大家可能一眼看不出他有什么特长，但我通过长时间的观察，发现他擅长书法。虽然我们班没开设书法课，但有一次，很偶然的一个机会，我看见了他的毛笔字比其他同学的好。我虽然不懂书法，也不懂什么样的书法才是好的书法，但凭我的直觉，他应该是书法上有特长的。其实，他平时的作业，字也写得很不错的。他完全可以在这方面继续发展。不过，我有一个建议，学校是不是可以开设书法课，或者是找一个书法好的老师给予辅导？

师：你真是有一双火眼金睛，非常善于发现。我们发现不了的，你居然发现了，而且提出了很好的建议。你的这个建议很有意义，我会与学校交涉，要求开设书法辅导课，对同学们的书法特长进行引导，以获得进一步的发展、提升。下面请继续！

生：我同桌，我发现他的特长是体育。他的体育素质较好，跑步、打篮球等，都是他的长项。我们只要看看他的身形，就可以发现他是体育的好苗子。希望他继续走这条路。当然，他也可以走其他的路。他既然有体育方面的特长，完全可以在以后的人生路上凭借体育创造人生辉煌。但有一点，同桌必须注意：一定要考上高中。老师们介绍过，高中有着更大、更多的平台，可以更好地发挥自己的特长。

师：他的分享可谓意味深长。他不但发现了同桌的特长和优势，而且提出了很好的建议，建议同桌一定要努力，要考上高中。这其实也是一种鼓励，一种激励。希望某某同学珍惜今天同学的发现与鼓励，努力学习，力争考上高中！

……

这样的找寻是有意义的。特长要成为优势，一定需要个人的努力，否则，特长也可能耽误了自己，贻误了人生最美好的时机。

没想到学生们小小年龄，居然也有着一双发现的眼睛，一双让人受感染的眼睛，能够发现他人发现不了的事物。这也是一种能力，实际上也可以成为优势。因为各个行业都需要善于发现的人才。一个不善于发现的人，即便是同桌有再好的表现，可能也不会当作一回事。两千多年前的孔子，在众人们对水的流动处在麻木状态时，发现时间的流逝像流水，并非常感慨地发出了"逝者如斯夫，不舍昼夜"的感叹！没有长期的思索或深刻的感悟，不可能发出这么深刻的感叹。"熟悉的地方没风景。"对太熟悉的人，比较难认识清楚。而且，越熟悉，就越难以认识到其内在特点。例如要说出自己家庭每个成员的特点，恐怕一下子是很难说清楚，就是这个道理。

为什么要让他人来发现？这不是很深奥的道理。因为个人难以把握住自己的特征、自己的本质，这就需要他人的眼睛来观察，他人的头脑来思索。

4. 欣赏挑战自我的学生

一些学生，喜欢思考，喜欢提问，更喜欢挑战权威。此类学生，在目前这种应试的体制下，一般不那么受欢迎。因为从根本上说，有哪位老师喜欢班上经常有一位学生来挑战自己呢？这需要教师的大度与包容，更需要教师拥有丰富的知识，宽广的知识面。

班上有过这样一位学生，常常提出一些与教学内容无关的问题让教师回答。例如在地理课上，讲到某地是一片大沙漠，但在沙漠中间有一条公路，他突然提了个"汽车怎样加油"的问题；语文课上，他会突然提出杜甫多少岁结婚的问题。这样的问题，基本上与教学内容无直接关系，而且会打断教师的上课。

对此类学生，我的态度是不打击，不鼓励，但要多引导，让他保持喜欢思考的习惯。我的具体做法是：告诉他，喜欢思考是好事，但上课最好不要提与教学内容无关的问题；如果发现什么问题，与教学内容又无关，用笔记本记下来，以后可以作为研究的小课题进行专题研究，说不定可以成就自己。

在我的引导下，此学生虽然在此后的课堂上，还是会偶尔提出一些问题，但与原先相比，明显少多了。也即是说，我虽然不赞同他那种随意提问的习惯，但保护了他喜欢思考的积极性。这其实就是一种欣赏。正是这种欣赏，让他没有感到过尴尬，甚至还保持了喜欢思考的习惯。

欣赏"听话"的学生谁都会，欣赏"刺头"学生就难了。一句话，主动帮学生找优点，找优势，容易做到，但欣赏学生对老师的"挑战"却不容易，也是最难能可贵的。

这样的学生虽然是少数，但都是个性鲜明的人，都有着自身的性格特点。教师对他们，需要的是尊重与引导，否则，他们就可能是班主任的"死对头"。当然，更应从积极的意义上理解，理解为一种勇于挑战的勇气，这就是一种优势了，一种成就自我的优势。

试与过去比高低

试与过去比高低，指的是每一位学生在自己人生成长的道路上，可与自己的过去比一比，看看自己的进步有多大，哪些方面明显，哪些方面不明显。

"吾日三省吾身：为人谋而不忠乎？与朋友交而不信乎？传不习乎？"曾子的话，说的就是人自我反思的习惯，从中发现自我的进步与不足，从而明确自己努力的方向与努力的程度。从反思中获得灵感，从而欣然前行。

一次，采访本校的一位毕业生，本地的一位女企业家。采访中，她谈到了自己几十年来的一个习惯：每天晚上躺在被子里睡不着的时候，就想一想自己在过去的一天中，做了什么事，哪些事做好了，哪些事没做好，还存在哪些可以改进的地方；见了哪些人，说了什么话，哪些话说好了，哪些话没说好，该怎样说才好……其实，这就是她成功的秘密。她之所以能够把一个企业做得那么好，每天的反思是一个不可忽视的重要原因。实际上，她还有一个习惯：每天早上还没起床时，在床上想好自己在新的一天要做哪些事，要见什么人，这些事怎样才能做好，见人时怎样说话才好……这其实就是在给自己提供晚上进行反思的内容与标准。否则，反思就可能缺乏具体内容，更缺乏具体标准，就会显得空乏。

有了这样的反思，才会更好地进步，才会有与过去的自己进行比较的底气与基础，否则，与自己的过去比，就只是一个噱头，一种借口。

比较，是人的一种近乎本能的心理。只要有两个人或两个以上的人在场，比较就是不可避免的。同样，人只要存在于时间中，也不可避免地存在着对比。

俗话说:"有比较才会有鉴别。"有了比较才能分出高低,辨出优劣,从而明确今后应采取的措施,继续努力,取得进步。

1. 与过去的自己整体比高低

整体比高低,很显然,在今天的应试体制下,最主要的内容就是学习成绩。这是一种最为通常的做法。把现在的考试成绩与过去某一具体时间的成绩一对比,一目了然,高下立现。当然,我们或许会认为,这样的对比是粗略的,它严重忽略了一些关键性的因素,例如试题的难与易、阅卷老师阅卷时的宽与松等。

此类比较,简便易行,也广受一线教师、家长和学生本人的欢迎。

此类比较也是每一位班主任在期中、期末考试后常做的。进步了,退步了,都非常明显,不存在什么疑问。实际上,很多同学正是在这种思维引导下取得进步的。

与过去的自己进行比较,也是新课程实施后所倡导的,因为这样的比较可以让学生看到自己的进步与退步,却不至于伤害到自己。

与自己的过去比高低,就是要超越过去,超越昨天,永远向前。今天要比昨天优秀,今年要比去年优秀,现在的我要比过去的我优秀。

这里,需要警惕的是,当学生与自己的过去一比较,发现自己取得了进步后,容易骄傲自满。班主任既要引导学生正确比较,又要注意防止学生骄傲自满。

以往,有学生在与自己的过去相比时,看到了自己的进步,考试成绩比原先高了几十分,因此就骄傲起来,以为自己很了不得。好在我发现得及时,找他谈了话,要他戒骄戒躁,继续努力,才避免了他退步的可能。

当然,也有学生越比越泄气。这是针对一小部分原先学习成绩特别好,由于某种原因退步了的学生而言的。

班上有一名学生刚进中学时,学习成绩确实比较优秀,其他同学难以企及。但随着学习难度的加大,他的成绩却越来越差。一开始,我只看到这样的结果,没有去关注具体原因。后来,经过了解,原因是:有一次数学考试，题目有点难度，他没考好。于是，他有点泄气，认为自己赶不上人家，从此就愈加放弃了。了解了这种情况后，我与任课教师一起，为他解除思想上的顾虑，不断鼓励他继续努力，并让他明白：不努力试试就不可能有进步的可能，也不可能知道数学学习的难与易。数学老师还告诉他，学习上有什么困难，可以直接找老师帮助解答，不必心存顾虑。从此，他彻底走出了比较所产生的阴影，心里阳光起来了，学习也有了进步。

实际上，过去的自己与现在的自己，都不是简单的自己，都是复杂的自己。简单地对比，虽然在某种程度上可以反映出自身的某种状态，但还是需要谨慎对待。对比本来就是一把双刃剑。比得好可以激励自我进步，比得不好，也可能让自己泄气，挫伤了自己。

要真诚对待自己的现在与自己的过去，善于进行深刻的自我反思。缺乏自我的反思，仅仅进行简单的对比，就容易浮于表面，看不到真实的自己。例如考试成绩同样是500分，表面看来，可能并无进步可言。但如果深入思索一下，可能就会发现，原先得500分，是因为试题的难度不大；今天的500分，分数虽然相同，但题目难度大，含金量高，仍然属于进步状态。不进行深刻反思，仅看表面的分数，可能容易陷入无名的自我障碍之中，从而变得消极悲观。

所以，班主任千万不能让学生盲目地进行比较，哪怕是与过去的自己相比较。缺乏深刻反思的比较，可能会误导自己，导致迷失自己。

2. 某一方面与过去的自己比高低

这也是一种常见的比较，比如就数学计算能力与过去对比，就写作水平与过去对比等。

一个人，可与自己的过去相对比的方面有很多，像个人品质的对比、学习能力的对比、理解能力的对比等，基本上属于心理范畴，缺乏客观的标准，尺度在自己的心里。

比较是个中性概念，不含有价值观。但比高低则不一样，显然是一个含有丰富意蕴的行为。比的目的是见高低，而不只是一般的客观衡量。而前提是学生变得更优秀的对比，就具有更多的价值内涵。

就某方面与自己的过去进行对比，虽然具体，仍然存在着一个怎么看待自己的问题：进步了？退步了？都需要认真反思。

3. 元旦晚会"看自己"

我班的元旦晚会，有一个保留着节目：看自己。具体内容就是回头看过去一年的自己。其实就是让学生去反思自己在过去一年里的表现：自己的进步与退步。每位同学在晚会前几天就要进行反思，写成文字，在晚会上宣读。

生：过去的一年，我虽然学习有所进步，分数有所提高，但数学成绩仍然徘徊不前。今后，我将继续努力，在整体进步的前提下，争取数学成绩有较大的提高……

生：过去的一年，自己一想，觉得没有什么进步，基本上还是原地踏步。从明天开始，要向班上其他同学学习，争取更大的进步。

生：上星期回家，晚饭时爸爸问我："一年又过去了，你又要大一岁了。要多懂事，把学习当作最大的事。"听了爸爸的话，我心里真不是滋味。想想过去的时光，在很多情况下，我总在为自己找借口。其实还是不愿意学习、厌学所致。说来惭愧，成绩自然就不会好起来，能够保持就已经是很好的结果了。新的一年里，请老师和同学们多帮助我，多监督我……

师：你的话语很诚恳，也很真诚。希望你说到做到，与全班同学共同进步。

生：我是从外地转过来的插班生，你们对我的过去不了解。在这里学习的这一年，我进步很大。谢谢老师的帮助，谢谢同学的提携！

在公开场合展露自己比较的结果，对自己是个监督、是个见证，对他人是个借鉴，都是非常有益的。

晚会上同学的真情告白，着眼的是未来，目标非常明确。这个未来就是——最好的自己。哪怕这未来就是第二天。

帮助学生找自信的基石

每个班都有一些特殊的学生。他们中,有的性格内向腼腆,不喜与人交往,公共场合一说话就脸红;有的胆子小,处于胆怯与惧怕之中,怕人讥笑,担心被人背后议论;有的则因长期学习失败的经历,上进心受挫;有的自我评价过低,从小就自轻自贱,妄自菲薄;有的则自我期许过高,以为自己什么事都能够做好,结果给自己造成了巨大压力,害怕失败……

对这些学生的教育,树立自信心是重要的一步。我们要给他们以自信,使他们树立起信心,不因各种原因而自卑,而自弃。

十多年前的一个上午,下课回到家,一位老农在家里等我。我一进门,妻子就向我说明了情况。老人见我进来,热情地站了起来,从口袋里掏出了一张折叠好了的信纸递给我,说:"黄老师,这是我儿子写给您的信,请您一定要看一看,并回信。"我赶紧打开信纸,只见上面写着:"黄老师!我是您的学生段某某。谢谢您长期对我的厚爱。如果不是您对我的写作厚爱有加,我早就退学了。今天给您写这封信,是为了告诉您:我想退学。我成绩太差。要不是您长期对我的作文赞赏有加,我早就退学了……"原来如此!

这位学生学习成绩实在乏善可陈,但他的作文虽称不上班上最好,至少也是中上水平。因此,每次在批改作文时,他的作文只要还过得去,我都给个80分,给他点个赞,算是对他的一种肯定。没想到,竟然起了这么大的作用。

在了解到他的这一情况后,我立即给他回了一封信。他父亲非常高兴地走了。第二天,他又重新背起了书包来学校上课。

一个个小小的点赞，一次次80分，竟然留下了一个即将失去信心的学子的心！真是应了那句话："给点阳光，他就灿烂。"我知道，那是一个成年人对一个未成年人莫大的期望与厚待。作为一名一线教师，我们不可能像孩子的父母那样，给予学生百般温暖，但我们能给予的，恰恰是父母所给予不了，或者短期内难给予的。这就是教育存在的价值，也是教师的价值所在。如果没有得到我的鼓励，他很可能就辍学了，成为国家庞大打工队伍中的一员。他重返校园后，一直读到毕业，还考上了高中。自信心让他插上了飞翔的翅膀。现在，在艰苦的工作之余，他仍然坚持写作。

帮助学生，怎样帮？有些时候，并不需要特意去做一件惊天动地的大事，只需要在平时的工作过中，多关注，多了解，多给予一点关心就够了。其实，学生也是平常人，对他们的关心，并不是什么大不了的事，而是日常小事。只要班主任老师做个有心人，心里真正装着学生，在需要的时候，就一定能及时出手。我的学生段某某，一个普通得不能再普通的学生，班上确实还有成绩优于他，作文也与他水平差不多的，我给了他好的分数，给了他"优"，这只不过是日常工作中一些微不足道的小事。但就是这些小事构成了教师的爱，教师给予学生的自信。这样的小事，有时候是无意识去做的，并不需要教师下多大的决心，花多大的精力，却能到巨大的作用。这就是关心人的神奇之处，奇妙之处。

我所教的，都是乡下孩子。他们从小就生活在熟人社会，很少与陌生人交往，胆子小，腼腆，不太敢与陌生人说话，尤其是不敢在公共场合说话。针对学生的这种情况，我除了在班会课上把平台交给学生外，在我的语文课上也经常开展一些语文活动，让学生在活动中得到锻炼，例如讲故事比赛、演讲比赛、学习心得交流等。这些活动均要求每一同学都参加。而且，我自己拥有一台相机，把他们参加活动的景象录制下来，班会课上播放给他们欣赏。这样，班上每位同学活动时的言谈举止都保存在录像中，播放时他们观赏得特别认真，活动中表现得好与差，自己心里就有数了，不需要老师的点评。有的学生在毕业时，特地要我为他拷贝那些视频。

有一位学生性格比较内向，平时很少说话，但讲故事比赛中，表现比谁都出色。她故事讲得形象生动，绘声绘色，很吸引人，在同学当中产生了一定的影响，大家都认为她是一块讲故事的好材料。此活动对她影响很大。老师的赞扬，同学的肯定，对她都是莫大的鼓舞。我特地找她谈话，与她交流，并告诉她：一定要努力学习，争取考上高中，就有了发挥自己特长的更大平台，否则，就可能被埋没了。她找到了自信。从此，她整个人都变了，变得更加积极向上，喜欢与别人交往、交流了，对学习的兴趣也更浓厚了。

一般而言，在中小学，一些女生学习成绩差，虽然拥有体育方面的天赋，但往往被歧视，她们体会不到自己有什么值得自信的因素。我所带的班，就有这样一位女生，学习成绩不太理想，平时吊儿郎当，不那么上进，考试成绩一般300分左右，有时候只能考250多分。八年级下学期，在全县中学生体育运动会上，她表现出色。运动场上，她取得了骄人的成绩：在女子短跑、女子跳远等项目的比赛中，她创造了奇迹，打破了全县纪录，把其他学校的运动员远远甩在后面，为学校争得了荣誉。

一位体育尖子生的诞生，引来了无数的目光。因为在以往的全县体育竞赛中，大多数项目都是城里的学校拿冠军。这一次，好几个项目被她刷新了纪录，为全县所有农村学校争了光，长了脸。所以，一些农村学校的校长对她伸出了大拇指。回校后，作为她的班主任，我特地找她，与她交谈，鼓励她学习上要更加努力，争取考上高中，以后就可以考大学的体育专业了。到那时，就不仅是为母校争光，为家族争光，更是为自己创造美好的人生奠定基础。后来，她在自己的加倍努力下，顺利考上了高中。体育是她的专长，她正在为高考做体育方面的准备。

自信助她改写了自己的成绩，也让她感受到了人生奋斗的乐趣。

为学生寻找自信，很多情况下并不是为某一位学生设置特定活动，而是面向全班同学开展，为学生搭建平台，使他们有更多展示自己的机会，很可能就有几位或一批同学冒尖。这样的平台，学校可以搭建，班级也可以搭建。而且，班级搭建起来更加灵活、机动。

长期的教学与带班工作中，我特别钟爱为学生搭建这样的平台，经常搞活动，让学生有更多展示自己的机会，使所有学生的各方面才能都得到展示。

前面提到过的那位女企业家，我在采访她时，她对我当年语文教学工作中搞的一些活动记忆犹新，赞不绝口。她认为那些活动让她练了胆，也练了口才。因为她之所以能够成功，靠的就是好口才。当年她搞市场营销，产品推广出去了，拖欠货款的现象却相当严重。而她凭着自身的好口才，硬是把别人要不回来的货款给要回来了，创造了全公司的一个奇迹。从此，她得到了提升的机会，就一步步走到了今天。

在全班同学面前展示自己，给了她锻炼的机会，她也很好地抓住了机会，找到了更多的自信。

习惯于下命令提要求，板着面孔上课的老师，就很难说能够为学生创造多少展示的机会。可以说，在这样的课堂上，学生虽然能够中规中矩地学习知识，进行训练，但其思维，一般被限定在了狭窄的轨道上。这对学生而言，无异于抑制，抑制了学生发展的可能性。

有一些活动，像体育运动会这样的大型活动，不是一个班级能够举办的，应该多让学生参与，多给他们锻炼的机会，展示的机会。很明显，有些活动的开展，非"不能"也，实"不为"也。

其实，活动教学也是新课程实施后所极力倡导的教育教学方式，教师要多倾心，想方设法进行教育教学创意，创造足够多的机会，使学生在活动中展示自己。

让学生从积极交往中获得快乐

1996年,联合国教科文组织提出了教育的四大支柱,即学会求知,学会做事,学会共处,学会做人。学会共处中包含着学会交往。

中国古代的孔子说过"独学而无友,则孤陋而寡闻",强调人一定要善于交往。一个不善于交往的人,容易在孤陋寡闻中寂寞度过美好的成长时光。

积极交往,大方开朗,乐观向上,与他人获得心灵的共契,和谐相处,这几乎是人人都在追求的一种人生理想。正在成长中的青少年学生,谁也不希望自己像个80岁的小老头,暮气沉沉,缺乏生气。而改变这种人生状态的最好办法就是多与他人交往,尤其是与班上的同学、亲戚朋友交往。

一般而言,一个班总有几个性格比较内向的学生。下课时,放学后,他们总习惯于独来独往,常常一个人躲在一个角落里,虽然眼睛里充满着交往的期望,看到别的孩子在与他人的交往中快快乐乐时,恨不得立即飞过去融入其中,但总是迈不开脚,在原地不动。此时的他们,心里总存在着一种淡淡的恐惧,担心人家嘲笑,担心人家不理睬,担心自己不懂交往……总之,不敢交往,更不用说在交往中获得快乐了。

当然,交往还有一个积极与消极的区别。积极的交往是一种主动状态下的交往,交往的主体处在一种积极的心理状态中。一般而言,积极交往者,往往是交往的发起者,过程的掌控者;而消极被动的交往,交往主体处在一种被动应付的状态下,他们常常只是交往的受邀者,过程中的被动者。当然,随着交往过程的深入,消极被动者也有可能变得积极主动。但不论是积极交往还是消极交往,均有可能获得积极的结果。这是所有交往者所期望的结果。也就是说,学生都可以从交往中获得快乐。

1. 开展集体活动,为学生创造交往条件

这是有益于班上所有同学的大好事,是让那些不喜欢交往的同学学会交往最有效的途径之一。班上的同学,相对比较熟悉,交往起来更加便利,更加随意,不用戴着面具、拿腔拿调、一本正经。

交往总是有理由的。这样的理由,对同学而言,有学习方面的,有生活方面的,有感情方面的,还有其他方面的。同班同学之间的交往,理由、缘由更丰富。

李杰是一位性格内省,不善于交往,更害怕交往的学生。他喜欢独来独往,班上没有与他要好的同学。看着他孤独的样子,我心里也难过,总想帮帮他。没想到,一次元旦文艺晚会上自由表演节目时,他竟然迈着大步走上了舞台,略显扭捏地唱起了一首流行歌曲。唱完后,大家给予他热烈的掌声。

掌声说明了一切。大家都觉得,平时不声不响的他,一下子好像换了个人。好几位同学走过去向他祝贺。他非常友好地接受祝贺,并表示感谢。从此,他胆子变得大起来了,与班上同学的交往也多起来了。他再也不孤独了。

李杰的变化,就是集体活动带来的直接效果。

在任何一个班级里,李杰这样的学生并非一个,有一定数量。李杰的变化体现了集体活动在改变学生交往个性方面的价值。

他敢于积极主动走上舞台,在他的心里,集体的召唤力量是巨大的。"年轻的朋友在一起,比什么都快乐。"这句歌词最生动地诠释了李杰当时的决定与信心。同龄人在一起,那种强大的吸引力,让李杰再也坐不住了。那种表演的冲动,就是巨大的内在力量,这种力量让他暂时抛弃了原先盘踞在心底的恐惧和担忧,毅然决然走上舞台。

体育课上,王鑫不小心扭伤了脚,江山热情送他去医院,还主动为他垫付了医药费。从医院回来后,江山又是主动扶持,又是替他打饭。

江山的热情帮助，感动了王鑫。在江山的情感融化之下，王鑫终于胆大起来了，与班上同学的关系也得到了改善。他对班级活动，能够积极主动地参与，与江山还成了好朋友。从此，同学们再也看不到原先那个略显"孤单"的身影了。

再怎么冷漠的心，他人的热心肠也能感化。江山同学的热心肠就是这样，把王鑫那颗"孤独的心"给温暖了，让王鑫来到了温暖的家庭里。而且，特定情况下的交往，更能够彰显人性的光芒。当时，王鑫是最需要别人帮助的，没有他人的帮助，他甚至连去医院都困难，不用说其他的了。正是有了江山的帮助，他才顺利地去了医院，又顺利地回到了学校，还能够及时吃上热饭。

因交际而快乐，成为王鑫之后学习与生活的常态。

2. 个别帮助与引导

对班上的一些交际困难的学生进行个别性的帮助，是班主任的又一项工作，让学生学会交往，并通过交往获得快乐。

很多情况下，改变一位学生，并非一定要把所有精力都放在学生的学业提升上，其他方面的变化，也能促进人的发展。比如交际状况的改变就是如此。

通过集体活动仍然不见效的，就只好个别帮助了。

班上的一位写作尖子，一直都被我看好。一次，我叫他上讲台读一读自己的作文，他竟然胆怯得不敢上来。这时，一位号称"天不怕"的同学故意激他："你不去我就去了。""那，还是我自己去吧。"他上来了，并读完了。

课后，我问他："读一下自己的作文，很害怕吗？""是，真的有点紧张。""那后来怎么又不怕了呢？"他沉默一会儿，说："自己有能力写作文，总不能没能力读吧？"

喜欢与人交往，从练胆开始。胆大起来了，自然愿意与人交往。那位写作尖子，我后来又给他锻炼的机会。慢慢地，他愿意与人交往了。而且，他还非常愿意助人，真的是助人为乐。

交际使人快乐。这种快乐让人喜欢交际，爱上交际。班上的一些同学就是因此而在快乐中学习，快乐中生活。

现在有的孩子个性强悍，别人都不喜欢与他们交往。班上就有这样的学生，人并不坏，可是脾气一来，别人都怕他。他在班上独来独往，别人一般都不惹他，也没人愿意与他同桌。一次，他因一件小事而与别人打架。当然，错的是他。在他身上，这样的故事重复了很多次。我把他叫来，问他为什么那样，难道不怕别人不理睬吗？他告诉我，他心里知道自己这样的性格不好，也知道因此造成了别人不理睬自己，但就是改变不了。我问他：真想改变吗？他点了点头。我趁机告诉他：以后遇事想发脾气的时候，心里默念"冲动是魔鬼"，连念三遍。你要是改变不了，你就真会变成魔鬼哦。

此后，他与别人的纠纷变少了，虽然也有过反复，但在我的再三提醒与引导下，他的坏脾气终于改变了。

作为成人的老师，不要一看见或者一听到学生成长中出现反复，就大发雷霆，破口大骂。那样做，会产生反作用，可能导致更大、更多的反复。

俗话说："心急吃不了热豆腐。"做人的思想工作，需要的是热心，是耐心。特别是对待未成年人，耐心就显得尤为重要。案例中，那位学生出现反复，如果缺乏足够的耐心，就可能前功尽弃。秉性的改变，不是说一句话那么容易，那是他长期以来所形成的内在的禀赋，不是说变就能变的。对于这一点，老师心里应该有数。

变了，就能够与同学和睦相处；变了，就能够与他人成功交往，并能够享受到交往的乐趣。毕业后，在同学聚会上，他成了一个比较活跃的人物。

问题解决中彰显智慧

学生中，大大小小的问题层出不穷。从问题存在的领域来分，有学习上的，也有生活上的；从问题出现的时间来分，有老问题，也有新问题。每一个被称为问题的存在，对老师、对学生都是一种考验。

能够解决难题的人，永远是这个世界所需要的人。能够解决难题的人，也是这个世界上最被人们崇尚的人。爱因斯坦解决了相对论的问题，人们崇敬他，敬仰他；袁隆平解决了粮食问题，被世人所称赞……

而班级中的问题，学生中的问题，向来被认为是班主任所要解决的问题。任何一个班级，真正的主体只有一个，那就是学生。学生才是班级的主体。班上的问题，解决的主体是学生，而不是教师。

解决班上存在的问题、难题，正是锻炼学生的最好的机会，是训练能力的最佳途径。

班级管理中，我遇到问题，凡是可以让学生解决的，首先想到的就是学生，看看学生有什么好主意、好点子。但教师要特别注意，心中要有两套方案：一套是征求学生的意见，一套是自己有主意。万一学生暂时拿不出主意，自己就必须挺身而出，拿出解决问题的方案，否则，就会让学生失望，会被学生视为无能。

怎样解决学生迟到问题，是很多班主任头疼的事情。在我班上，就经常有学生迟到，老师怎样批评都不管用。一般的处罚措施是罚款，迟到一次罚款一元或两元。这是老做法，不但效果差，且容易引起家长不满。

这真是一个难题。我在班上征求学生的意见。有学生建议告知家长，让家长批评，让家长责骂。我以为不妥，那样的做法，或许可以在一定时间内解决问题，但毕竟会让部分同学心生不满，乃至怨恨，造成师生关系紧张。有学生认为可以罚扫地，反正教室、宿舍、环境区，每天都需要有人打扫。我认为此法倒是勉强可行，但时间长了，学生可能就麻木了，起不到惩罚作用。还有学生提出，迟到一次唱一首歌，而且到讲台上唱。这个提议一出，就让很多同学眼睛为之一亮。我也比较赞同，认为可以采纳。一是唱歌是高雅的做法，虽然是处罚，但有新意；二是可以逼使那些不善于唱歌的同学也去学唱歌，添增一种能力。但在执行中，我走了折中之路：在扫地和唱歌之中两选一。毕竟班上有的学生五音不全，不喜唱歌。新措施在班上被执行起来，迟到者大大减少。即便迟到被罚，毕竟是更加文明的措施，学生接受起来心理更舒坦。

班级中类似的小问题，班主任几乎每天都会遇到，一般情况下，都是自己想办法、出主意，自己扛下来。久而久之，班主任对于班上问题的解决，就不会把眼光放在学生身上，习惯于把所有问题都自己扛。扛的结果是，自己身心疲惫，本该是学生锻炼的机会，被老师剥夺了。

"三个臭皮匠，抵个诸葛亮。""众人拾柴火焰高。"学生虽然是未成年人，但一个班几十人，他们的智慧加起来，一般而言，不一定差于老师一个头脑。治理迟到问题就是这样。作为老班主任，大多数情况下，都是沿用老办法，或者学习他人的做法，很少会去征求学生的意见。我的实践告诉我，眼睛向下，向学生要主意，让学生出点子，有时更见效。

为什么一些班主任容易产生职业倦怠？一个重要原因就是班上的大小事情，任何情况下都自己扛。结果把本来可以产生新意的工作，做得乏味，做得让自己倦怠。如果换一种思维考虑问题，换一种眼光看待学生，相信学生，信赖学生，可能就会是另外一种心境，班级管理工作的倦怠就可以缓解。

同时，征求学生的意见，就是尊重学生，把学生当作班级的主体、主人翁，学生自然就会产生一种被尊重、受重视的感觉，也就愿意贡献出自己的智慧和能力，主人翁意识就增强起来了。提出迟到罚唱歌的那位同学，点子被采纳后非常高兴，满心欢喜。

如果说班主任主动就班上的某一问题向学生征集意见，是一种头痛医头、脚痛医脚的做法，那么，班上建立点子库，就是常规性的措施了。

在班上，我用铁箱子建了一个点子库，其实就是一种意见箱，只不过把提意见改成了提建议而已。

点子必须包括这样几部分：建议名称、具体实施步骤、建议人、时间等。我还提供了样例。书写并不复杂，一般都能够写好。

班上每一位同学，都可以是建议的提出者。也就是说，班上的每一位同学都要以主人翁的精神，对班上的管理提出好的建议，且随时可以提。凡是被采纳了的点子，都进行登记，期末进行统计、评选，评选出金点子和银点子，分别给予适当的奖励。

学生们提出了一些非常有意义的好点子：与语文老师进行现场写作比赛的建议、晚自习开始时全班合唱两首歌的建议、对每天的值日情况进行抽查的建议、老师上课带头不迟到的建议等。建议涵盖了班级管理和各科学习的各方面，真可以用"五花八门"来形容。可以说，好的点子，每一个都凝聚了学生的心血和智慧。有的同学为了提好建议，做了一些调查和思考，甚至还吸收了其他同学的意见和建议。有的同学特地找我商量，征求我的意见，问我建议是否可行。可见，很多学生是积极对待的。一些建议被采纳实施后，相关问题得到了解决。例如对值日生的值日情况进行抽查，就大大改善了班上的值日工作，此项工作还得到了学校的充分肯定。老师上课带头不迟到的建议，直接被写进了学校的有关制度，成为对全校教师的一项工作要求。

提出的建议被评为金点子、银点子的同学，非常高兴，对班级管理的积极性更高了。

班级管理工作的创新，是一门大学问，也是一门小学问。说是一门大学问，是就其宏观而言，就其整体框架而言。说是一门小学问，是就其具体事务而言，就其日常管理而言。有人说，班主任是世界上级别最低的官。这级别最低的官，管的都是小事、琐事。而管理工作的创新，主要就是指日常管理工作的创新，小事、琐事上的创新。我这个世界上级别最低的官，就是这样常常向学生征求管理的主意和点子，解决一些看似复杂的问题。

学生，他们天天在教室里学习和生活，对班上的具体情况比班主任了解得更全面，有时还更深刻。一些班主任察觉不到的情况，学生们却全然掌握。按常理，他们的意见和建议，在某种程度上更切合实际，可行性更强。班主任即便是再勤奋，再负责，在班上待的时间也不及学生长。这是基本事实。班主任的班级管理工作，就是要从这个基本的事实出发，向学生要主意，要点子。

这是我在长期的班主任工作中获得的重要体会。

需要说明的是，学生所提的点子，虽然不像政协提案或人大议案那样上档次，那样中模中样，还带着点粗糙，带着些简单，但它们管用，能够解决班级管理中的问题，而且在某种程度上还包含一些创新的因素。

让学生解决难题，学生得到了锻炼，训练了他们带着问题去思考的思维方式，锻炼了他们把问题带进现实生活中，并与现实生活相结合的思维能力。同时，他们提出的点子被采纳本身，就让他们享受到了被尊重、被重视。

第四章 巧用评价助成长

评价是依据一定标准进行的价值评定。

不管愿不愿意承认，对学生，我们每天都在进行评价，只不过我们没有意识到而已。有些评价，不是口头的，也不是文字的，可能只是一个眼神，一个笑容，一个手势……即便是这样不明显的评价，学生也能够心领神会。课堂上，一句"很好"，一个"可以"，点一下头，露出一点微笑……这些，都是对学生的肯定。而一句"再想想"，一句"行吗？"，让学生明白那是在进行否定，提醒学生继续思考。

评价是把双刃剑。用得好，对学生来说，有着巨大的促进作用；用得不好，可能会伤及学生，产生负作用。班主任或任课教师要用好这把剑，尽可能地促进学生的健康成长。

作业评语交流

作业，是教师用来训练和检验学生的知识掌握与技能形成的一种途径。学生几乎每天都在进行此项训练。

而有作业，就一定有教师的批改；有批改，一般情况下，就少不了写评语。作业评语是教师对学生作业情况的一个判断。大多数情况下，学生拿到作业本之后的第一反应，就是看老师给的分数、老师下的评语，以此判定老师对自己的作业是肯定还是否定。

以往的作业评价，大多是给一个分数，或者简单地写一个"阅"字，表明进行了批改。这种方式的批改，是比较简单的。一个"阅"字，只表明老师进行了阅读，至于作业做得如何，老师根本就没有给出评价，好与差，学生心里根本没数。这种批改，基本没有评价，体现了老师工作上一种敷衍、应付的态度，根本不存在与学生的交流。而给一个分数，是对学生作业的一个评定。60分，80分，100分，这些都是对学生作业的评定。学生看了这样的分数，心里基本上就有底了。但是，这是一种定评，也就是确定性的评价，不存在委婉的成分，不存在任何交流的因素。就是说，分数是死的，没有商量的余地，也不需要交流，只存在着接受。学生只能接受教师给定的分数，至于自己的作业到底好在哪里，差在哪里，还是一无所知。学生对自己的作业，基本上处在模糊的状态。

批语，存在着一个怎样撰写的问题。传统的那种作文批语，像文句通顺、中心突出、结构合理之类的评语，虽然也是一种评价，但这样的评价，大而无当，缺乏具体性和针对性，适用于所有文章。对写作者而言，这样的评价起不到任何引领作用，反而会让学生一头雾水，不知所言。

好的、个性化的评语,能够让学生一看就感觉到一种温暖,一种亲切,一种具体而微的引领,学生心里就立即明白自己作业的好与差,需要作出怎样的努力。

我是一位语文老师,就以自己对学生作文的评语为例,进行一番阐释。

1. 用评语严格要求学生

班上总有一些学生学习态度不认真,写作被当成差事来完成,随随便便写一通,字迹马虎潦草。批改时,老师只能半改半猜,特别吃力。一位学生,据他父母亲反映,从小学开始,对作业就马马虎虎,一篇作文不足100字。有一次,在他的作文后面,我批了这样一段话:"像你这样,100字就能够把事情叙述清楚吗?下一次争取突破150字。能做到吗?当然,字数还是越多越好的。字迹端正也是很重要的哟。"这其实就是对他的要求,要求他在作文字数上有新的突破。我的要求,既不算高,也没有强迫的意思,不过是增加50字而已。其实这也是不低的要求,他本来就是因为写不好,才写100字的,你要他增加到150字,对他而言,有一定难度。要求严肃,言语却不严肃,还算是温和的。因为用的是问句,是商量的语气。下一次作文,他交上来的变成了相对端正的200字以上,说明他不但读懂了老师的话,也能够按照老师的要求去做。这样的交流算是成功的。成功之处在于具体情境中学生更能体会得到老师的要求,从而更容易接受。他看到了自己那潦潦草草的100字,也觉得过于简单,尤其是与班上同学的六七百字相比,显得有点寒酸,有点不好意思。于是,在他的作文本上,我又写了这样一段话:"你的进步,让我高兴。还能保持这样的进步态势吗?"但不知何故,他的下一次作文,又旧病复发,回到了原先那潦草的100字。怎么回事?难道他没读懂?课后,我把他找来,问一问到底什么原因。他说,只是因为怕麻烦,图省事。他自己觉得随随便便写100字比较简单,不必花时间就能对付,仅此而已。这说明他虽然读懂了,但是积习难改,不愿意改变自己,不愿意上进努力。针对他的这种态度,我没有放弃,仍然利用批语与他进行沟通:"世界上存在不付出努力就能有收获的事吗?你不愿意付出汗水和智慧，是不可能有进步的！"这其实就是在严格要求他了。语气与原先明显不同。他真的认真起来了，之后的一次作文，他写了500多字，而且字迹也比以前更端正。这才是真正的进步，也是他真正需要的进步。

2. 用评语激发写作兴趣

我问过一些学生，最怕的作业是哪一类？他们几乎异口同声地回答：作文。所以，学生中真正热爱写作的，不多。但是，写作又是语文教学所必需的训练，不可或缺。要让更多的学生能够完成作文练习，就需要激发写作兴趣。

"本来还好，只因为你有点粗心，张冠李戴了。下次可要认真一点哟。"学生在写作时，不小心把一个历史人物的事迹弄错了，写到另一位人物头上去了。实际上，他的这篇文章问题较多，张冠李戴只是其中的问题之一罢了。但为了鼓励他，保持好他那珍贵的写作兴趣，我只是指出了他作文中一个小小的毛病而已。第二天，他递过来一张小纸条，上面写着："老师，我当时如果去查一查有关书籍就不会有这样的硬伤了。我以后一定会更加认真的。"这说明他意识到了自己的错误。从他的小纸条来看，他不仅意识到了那一个小错误，也明白了需要更加认真地对待作文的道理。当然，明白了道理是一回事，能够付诸实践才是根本目的。从他后来交上来的作文来看，他的确是践行了自己的诺言。

3. 用评语启发鼓励

启发与鼓励，也是教师写作文批语时要注意的。启发，主要起到点拨作用；鼓励，主要是激励其继续上进。

"你如果能够把文中人物与他人的对话，当时的情境，以及他的神态等描写一番，文笔不是更细腻，内容不是更充实吗？其他方面没什么大问题。"这是给一位学生一篇以描写人物为主要内容的记叙文的批语。该文从多方面写一个人，但读后给人的印象不深刻，有点蜻蜓点水的味道。原因就是没能写出人物的心灵世界。而语言、眼神、神态等，则是心灵世界的展示。该文恰恰就缺乏这些。老师给予点拨，给他启发，给他鼓励，这是很有必要的。也可以说，这样的批语，写到了点子上。

写鼓励性的批语，大多是在作文比较好的情况下，鼓励他们不骄不躁、谦虚谨慎，继续努力。

"如果说，一篇好的记叙文需要比较完整地叙述事件的来龙去脉的话，那么，用倒叙的方法写好开头，也是很有必要的。不是吗？事件的叙述，如果仅仅是平铺直叙，读来就索然无味。你能否采用倒叙的方法，重写开头？"可以说，这则批语，既有启发，也有鼓励，点拨他如何写好开头，为文章添彩。第二天，他采用倒叙的手法重新写了开头部分，文章的可读性就更强了。不论是文笔还是结构，以前的难以比拟。

"文似看山不喜平。""好的开头是成功的一半。"一篇文章开头写好了，整篇文章都会因此而添色。

4. 用批语进行写作方法指导

作文需要一定的方法，方法的运用不到位，会影响作文的质量。一次，写一篇简单议论文。学生在用事实进行论证时，把作为论据的事实详细叙述了一遍。很显然，学生出现这种情况，是因为不懂得议论文中的叙述与记叙文中的叙述的差别所在，误把记叙文中的方法带入了议论文的写作中。这就需要教师进行方法上的指点了。我的办法是，在学生作文的下面，用简洁的文字把学生作为论据的那件事概括了一遍，用实例进行评价。然后在那段文字下面，这样告诉他：议论文中的事实与记叙文中的叙述是不同的，它更简洁，只要能够证明论点即可，概括叙述就行。这样进行评价，给学生以更加直观、感性的例子作为范例，学生当然更欢迎了。

这是方法上的指导。只不过，这样的交流，大多以学生下一次的作文为反馈方式，学生的下一次写作效果就是最生动的交流效果。

每位教师都可以利用自己本学科的特点与优势，利用批语与学生进行交流。只不过，批语的写作，应该摈弃原先那种居高临下的姿态，要以平等的身份、比较温和的言语进行评价，否则，容易引起学生的反感。当然，这对教师写作批语的能力，是一种挑战、一种促进，习惯于原先那种语气生硬、命令式的批语写作的老师，尤其需要改变心态，多站在学生的立场上去想一想怎样的批语学生更容易接受，才能取得更理想的效果。

　　作文批语，只是各门课程批语中的一种罢了，即便是语文课程，也存在着作文之外的其他内容的学习，如阅读、识字写字、口语交际、综合性学习等，都可以利用批语与学生进行有效交流，以促进学生的学习与成长。

随机评价引领学生做好每件事

实际上，只要我们不把评价看得过于神秘，过于严肃，过于高高在上，就可以发现，日常生活中评价随处存在。尤其是成年人对少年儿童，基本上时常在进行评价。因一件事没做好挨骂，这就是典型的评价。在学校里，教师对学生的评价，简直无处不在。发现卫生未打扫干净，班主任会问：这是谁扫的？语气中带着指责。这就是评价。作业本上，给了个50分，这更是评价。学生上课回答问题，老师给一个笑容，这也是评价。

所谓随机评价就是在需要评价的时候及时给予评价，随时让学生明白自己的所作所为是否符合要求及其价值和意义，以便及时监控，及时调整，从而把事情做得更完美。

这里侧重于学校日常生活中的随机评价。这里的随机就是指教师随时看到学生在进行学习、活动等，只要有必要，就进行评价。例如学生用水、扫地等，班主任都可以进行适当的评价，以引起学生注意。

一次，班上一位同学洗脸后忘了关水龙头就径直走了。我正好路过，被我看到。我让他回来把水龙头关上。他有点不情愿，还说了句："不是我开的。"想推脱责任。他的意思很明确：不是我打开的，我可以不关。即谁开的谁关。这理由看起来天经地义，非常正当。我很生气：忘记关水龙头，还振振有词，理直气壮，太不讲道理了。我随机回了他一句："那下次你开个水龙头，你自己用了水之后不要走开，等到最后一个人用了水之后，你再关好，再走开，可以吗？"这其实就是落实他那句话。这叫作"以其人之道还治其人之身"。他只好乖乖回来关好才离开。

这里，我并没有直接评价他这件事做得怎么样，好还是不好。但是，我的回答和让他回来关好龙头的要求，就是对他最生动直接的评价。

现实生活中的评价，还包含着引导，告诉学生应该怎样做，否则，只是简单地指出错误，他们仍然不知道正确的做法是什么。我让他回来关水龙头，既对他不关水龙头的错误进行评价，也告知他应该怎样做才正确。至于他的那个理由，我虽然没有直接批评，但也表明了我的态度：他自己开水龙头，等到没人用水之后，他关了再走开。他一听，显然会觉得荒唐，便只好回来关。

由此可见，随机评价可能不完全像课堂上的评价那样一本正经，那样正规，而是融入到了当时的情境中。在那个没关水龙头的情境中，老师没必要满嘴评价的专用词语，而是要结合情境，结合事件本身做得好与坏进行评价，否则，脱离了情境，简单地告诉学生对还是错，虽然也是评价，但效果可能很差。例如，学生没关水龙头，老师可以直接批评，然后老师自己替他关好。这也是一种评价。但其效果可能远不如让他回来关上好。为什么？简单告知对与错，学生可能当时认识到了错误，或者表面上装作认识到了，但是到了下一次用水，他可能又会忘记关。而让他自己来关上，他自己的行为就会在大脑中留下深刻的印象。更为重要的是，正确的印象将会告诉他以后该怎样做。这就是融入到当时情境的随机评价的价值所在。

为了强化这件事的影响，我还特地在班上把这件事情的经过进行了再叙述，让全班学生明白其中的道理：任何强词夺理，任何无理辩解，都是站不住脚的，都是矛盾的，荒唐可笑的。那位同学的辩解就是如此。用他的那个歪理来指导他自己的实践，就显得极为荒唐。

去学生宿舍检查，是我的一贯做法。一次在宿舍，看到班上一学生很随意地往同学的被子上吐口水，正好被我撞见。他当时有点紧张。我问他为什么这样做。他说："老师，你不说出去，别人又不知道。被子上的口水根本发现不了。""别人发现不了，你就可以吐？要是别人在你被子上吐口水，你会怎么样？赶紧擦掉！""老师，不擦也可以。过一段时间自然就看不到了。""别人看不到的事，就可以做？别人偷你的东西，没有别人在场，就是对的了？"在我的质问下，他最终擦干净了。

这个案例中，老师的评价就是批评，直接批评学生的错误。对于自己的错误，学生的理由看似很充分，别人看不见，就可以做。这是他振振有词的内在的精、气、神。仿佛无论什么事，只要没有他人在场，都可以做。这正是其荒唐所在。那位学生之所以最终把别人的被子擦干净了，最为直接的原因就是我的质问起了作用。

没有别人在场，就可以为所欲为？把那位学生之所以那样做的理由拈出来，放在道德的天平上，可以发现其错误所在，荒唐所在。

教师的及时批评、及时反驳显得尤为重要。

学生在辩解时，老师就得听出其意思，抓住其要害，寻出其本质。否则，可能难以在短时间内反驳。案例中，我的反驳就是对学生的辩解最好的回应："别人看不到的事，就可以做？别人偷你的东西，没有别人在场，就是对的了？"如此回应，学生就会哑口无言，理屈词穷。最后，他只好按照我的要求去做。

教师除了要能短时间内指出学生错误之外，还需要一定的智慧，否则，难以及时有力反驳。这对教师的素养是一种更高的要求。案例中，如果我不能及时驳倒学生，学生的错误虽然暴露，但他可能不会那么心服口服地把被子擦干净。

把被自己弄脏了的被子擦干净，这就是价值评价和引导。

一天早饭前，看见班上一女生在打扫班上的环境卫生。明明安排了三个人一天，为什么只有她一个人？而且，始终都是一个人，直到打扫完毕。我走过去，一问才知道，其他两位同学可能忘记了，找不到人，她干脆一个人打扫完了。

对她的这一行为，我给予了称赞，赞扬她的不计较。她说："我只是担心如果等下去，可能就耽误了上课。扫完了就行。"

对此，我没再说什么，她的那种坦然让我肃然起敬。我只是伸出了一个大拇指。她并不认为自己的这一行为有多高尚，只是怕耽误了上课，耽误了学习。而这正是我们当前特别需要的一种精神，一种豁然大度，一种不斤斤计较的态度。

这也是随机进行的评价，而且是正面的赞扬。

相信她扫地并不是为了得到老师的表扬，这是完全可以肯定的。可以说，其他两位同学并不一定就会很感激她。对此，她无所谓。因为她的目的只有一个：不耽误上课。很纯洁、很朴实的理由，没有华丽的语言包装，没有过多的个人计较。老师随机给予表扬，天经地义。

现实生活和工作中的巧遇，这是难以预测的，完全在一个"巧"字。问题在于老师遇到之后该怎么办，是当场给予评价，还是等到上课之后才评价？笔者以为，当场随机评价，可以让学生立即明辨是非。

当然，巧遇还需巧评，否则，效果可能会打折扣。

巧遇不用说，完全是一种机运，而巧评则是一种智慧。

（1）与情境相融合。及时与当时学生所做的事情融合在一起，千万不要脱离情境给学生一个好与差的评语。那样会显得突兀，显得抽象，难被学生接受。

（2）指出错误的根源。一些老师，在看到学生的错误之后，只是觉得学生那样做不好，但不明白错在何处，不能为学生指出来。当然，此时的学生，仍然沉浸在错误之中而不能自拔，还可能沾沾自喜。我们要击中要害，让学生处在尴尬的境地，意识到自己的错误所在。

（3）必要的智慧。与学生相处，与学生打交道，必要的智慧不可少。有时候，学生也会有意无意地忽悠老师，让老师思想上麻痹。例如常常拿一些无关的理由进行搪塞，来掩盖事实的真相。老师就必须有一双慧眼，一双火眼金睛，否则，就真的被忽悠了。看到的，不一定就是真相。这种情况下，老师要学会分辨事实，弄清真相，才能进行适当的评价。例如学生替他人扫地，很有可能是在他人的胁迫下进行的。老师如果被假象所迷惑，就会进行错误的诊断，进行廉价的表扬，因而闹出笑话。对此我们要保持警觉。

肯定性评价让学生看到希望

肯定性评价，就是肯定学生的优点，让学生在老师的肯定中看到希望，从而沿着此路健康成长。

今天是一个需要欣赏的时代，是一个需要把学生当作学生来看的时代。学生是成长中的未成年人，他们的身上优点与缺点并存。在很多老师的眼里，有些学生缺点明显多于优点。

需要特别强调的是，在今天这个以人为本的时代，尊重学生，凸显学生的主体地位，是教育教学的时代要求。我们的班级管理工作，应该围绕着怎样凸显学生的主体地位，如何尊重学生的主体人格来开展。

肯定要多于否定，要多肯定学生，常尊重学生，让学生在愉快的心境中成长。

1. 肯定学生的微弱优势

学生身上的微弱优势很容易被忽略，甚至在很多老师的眼里，根本就算不了什么优势。如果缺乏火眼金睛，就可能在我们的眼皮底下被忽略。

有一位女生，对学习不感兴趣，语文课上常常昏昏欲睡，甚至趴在桌子上睡觉，成绩非常一般。在很多老师的眼里，她很可能被视为"差生"。但是，有一次，在她的作文本上我发现了"金子"，找到了她的闪光点。那是一篇写人的记叙文。她居然能够把一般的对话写得比较生动。也就是说，对话写得还好。我立即兴奋起来，这不就是她的优势？她可能有点写作天赋吧。在她的作文下面，我写上了如下文字："文章中的对话写得较为生动，抓住了当时人物的语气。请继续努力！"当然，其他方面也不错，因此给了个80分。

这算是给了学生一个充分的肯定。正是这个评语，这个80分，给她提了神，让她看到了自己的优势，看到了一丝希望。从此，她一改过去上课时的消极状态，学习再也不像过去那样敷衍。语文课上，她很少做与学习无关的事，作业也比原先更认真完成。当然，变化最大的还是她的作文。虽然很难说她每篇作文都写得优秀，但至少不存在敷衍了事的现象，不论是书写态度，还是文中的字句，都闪耀着进步的光芒。

她那并不明显的优势，在我的充分肯定下，变得越来越明显了。这就是肯定性评价的意义。

实际上，就她的写作水平而言比较一般，跟她写作水平差不多的可以选出10多个。但她是独特的那一个，独特在这个优势是她整个语文成绩中最突出的一个点。我及时抓住了这一点，给予显扬，给她以自信，使她在暗淡的学习生活中获得了一抹生命的亮色。这一抹亮色让她有了光，有了热，有了足以在班上立身和发展的资本。

当然，给予学生肯定，并非只肯定其学习，其他方面的文章也可以做。下面这个案例就属于此类。

2. 肯定学生的勤快

勤快就是指做事尽力、不偷懒、勤劳。看来，这更是任何一个人都需要的优点。

班上曾经有过这样一位学生：他对学习根本不感兴趣，但他有一个突出的特点，那就是勤快。老师布置给他的事情，他一定会尽心尽力去做好。而且，还会想方设法做得比预想的更好。轮到他打扫环境卫生，他甚至一个人一早就去打扫好了。同一小组的同学还在睡梦中的时候，他可能已经把地给扫完了。班上的事务，不管是不是安排了他去做，他只要有空总会主动帮忙。因此，他在班上的人缘相当好。他是一位公认的好人。同学都认为这样的好人真是可遇而不可求。

这样的好人，我们如果再苛责他，就有点过分了。从他进初中开始，我就一直关注着他，一直表扬着他。学校每学期期末评选表彰优秀学生，都有他的名字。肯定他的优点，对他进行表扬，班上同学都没有任何意见。

对我这个班主任而言，不肯定他，不表扬他，就是我的失职，就是我处事不公。

班主任也好，任课教师也罢，都不能把学生的学习成绩作为评价的唯一标准，应该放眼整个学生，关注学生各方面的表现。所谓尺有所短，寸有所长。我们要善于发现，善于琢磨，善于看到学生身上的优势，学生身上那些在他人眼里不那么突出、不那么耀眼的方面，给他们以肯定，以尊重。这就是一名现代教师所需要的眼光，所需要的职业情怀。

人们通常所说的教师的职业情怀，就是要将自己的情感倾注在学生身上，倾注在学生那些闪光的优点上。如果班上条件许可，可以在班上设立"好人榜"，专门用来表彰那些为班级做出了贡献的好人，给他们以表彰，给他们以自信。这其实也是班级管理非常重要的一环。

当年，我在读初中时，班主任是个非常有创造性的老师。他在班上黑板一边的墙上，钉了一个钉子，挂了一个记录本，上面写着"好人好事记载簿"，用于记录班上的好人好事，且不定期地在班上进行宣读。在那个时代，这不失为好办法。这种记载，就是一种表扬，一种肯定。而且，记录者是班上的同学，不是老师。这也是在让全班学生用自己的眼睛去发现，发现他人身上的优点并进行记载，进行文字的表扬。

只要是对学生的健康成长有益的因素，都值得肯定，都有助于教育目的的实现。

3. 肯定好苗头

"小荷才露尖尖角，早有蜻蜓立上头。"有的学生，以往的学习中不那么认真，不那么舍得花时间与精力，但是在某一时刻，受到某种启发而茅塞顿开，开始发奋努力。对这些处于转变中的学生，需要给予肯定，为他们鼓劲。

班上一位女同学，初一时没把学习放在心上，使自己在小学阶段打下的扎实基础没能很好地发挥作用。我多次找她谈话，她只是表面上应付，表示一定要好好学习，可是一到课堂上，依然如故，一如既往。初二下学期开学，她好像变了一个人，各方面都变得更成熟，上课也不再说话，不再漫不经心，作业也非常认真地完成。不用说，她在变，向着有利于成长的方面变。这是极好的征兆。上课时，我总是尽量多地给她以发言的机会，并总是给予表扬与激励。看得出来，她在朝着好的方面继续转变。

　　某日晚饭后，我准备出去散步，偶遇她与另一同学从学校大门进来。我叫住她，问她为什么一下子变得这么快。她告诉我：是她在外打工的亲戚回家过年时说的一席话触动了她。原来如此。

　　老师的肯定，对学生而言，是永远都需要的。

　　刚刚处在转变过程中的学生需要鼓励。这样的鼓励，就是给她加上砝码，给她信心，让她明白她的转变是正确的，是有利于自己的成长发展的，而且应该继续向前发展。这个时候，学生对老师依赖性强，老师的肯定与鼓励就是对她的最好奖赏。有了这样的评价，她的前行就有了方向，有了力量。

　　缺乏肯定与鼓励的成长，处在一种自然的状态，是一种完全依靠个人意志的成长。这样的状态下，学生缺乏方向感，可能处在比较脆弱的状态中，一点小小的挫折，就可能摧毁她已经付出的努力，导致前功尽弃。老师的肯定与鼓励，就是给予学生精神上的帮助，精神上的支持，让她的意志更加坚强，内心也更加强大，她就能够百折不挠地向前迈进。事实证明，我的肯定是值得的。在她此后的学习和生活中，她一直都在努力。中考时，她以优异的成绩考进了重点高中。

　　学生成长的道路是漫长的，但关键处就那么几步。正是那几步，特别需要他人的关心与鼓励。而老师就是最能给予关心与鼓励的人。

否定性评价让学生看到差距

一味地肯定并不是教育所需要的状态，否定也有存在的必要性。其必要性就在于，学生也是人，而且是成长中的人，他们的身上存在缺点与不足。人总有犯错的时候，对学生的错误，必须提出批评，进行否定，否则他们身上的不利因素得不到抑制，对他们的成长是极为有害的。

否定性评价，就是对学生学习和生活中存在的一些不利于其成长发展的因素给予否定，否定其存在的必要性，铲除其存在的根源。

否定与肯定一样，是学生成长中所必需的。只有肯定而无否定，教育就像人跛脚一样，走路就不稳，甚至还有可能摔倒。相反也一样。

班上有位男生，对我说过两次，是我改变了他。怎么一回事？他刚进初中时，自由散漫，对学习不太在乎。成绩自然就好不到哪里去。但他有一特点：喜欢写作。在我的鼓励下，他对作文越来越痴迷。他说，他写一篇作文有时要花几天时间。但是，我也发现了他的另一面：数学、英语成绩直线下降。这说明他把主要精力花在写作上了。我想，长此下去，对他而言，并非好事，考高中都难。于是，我把他找来，对他的这种做法提出了批评，进行了否定。他表示重新调整自己，均衡分配各科学习时间。但是，说起来容易，做起来并不容易。一段时间内，他仍然一如既往，数学、英语成绩依然春风不度及格关。我再次提醒他注意调整时间和精力。渐渐地，其他学科的成绩才有了上升的趋势。

作为语文教师，我当然希望他沿着喜欢语文、热爱写作的路子发展下去。但作为班主任，我绝对不能允许他继续这样走下去，否则，他连高中都考不上。那将会耽误他的前程。

在学生高歌猛进时泼点冷水，使其头脑保持清醒很有必要。

在我们班上，在我们的身边，这样的学生并不少见。但在今天这个倡导赏识教育的时代，在倡导多欣赏、少批评的时代，能不能对学生进行否定？回答是肯定的。当然，要具体问题具体分析。否则，容易伤害学生，容易挫伤学生的积极性。教师应该斟酌具体情况，考虑具体情形。如果学生因自己某些方面的发展而妨碍到其他方面发展时，就必须给予批评与否定，不能任其继续前行，否则，就是教师的不尽职，就耽误了学生。相反，动辄给予否定，给予训斥，则容易伤害学生，让他遭受心灵上的挫折。需要掌握好一个度，让学生能够接受。

案例中的学生，虽然写作能力得到了发展，得到了提高，但严重妨碍了英语和数学的学习，如果不批评，不制止，任其发展，对他而言就是自己妨碍了自身的发展，会造成遗憾。而适当的批评，可以让他醒悟：距离自己的目标尚远，必须保持各科之间的平衡发展。这算是一种适当泼冷水的做法。

时下，赞赏学生、欣赏学生成为时髦，成为教育领域流行的一种思潮。这种思潮的片面性不言而喻。其最大缺陷就在于缺少了该有的批评，该有的否定。

容易被成绩冲昏了头脑，是一些学生的心态。

校运会上，班上的魏某在100米短跑中，为班上赢得宝贵的第一名，让我们班在关键时刻胜出于其他班级，获得年级第一名，算是为班上荣誉的获得立下了汗马功劳。对此，理该称赞，也值得表扬。问题在于，魏某却因此而骄傲自满，不把班上其他同学放在眼里，甚至在某些时候连我这个班主任的话都不放在心上。真是给点阳光，他就灿烂。后来的一些事件更说明了问题。安排他扫地，他不太情愿，或者随便应付了事。其他事情上，也基本上是他自己说了算，他人只得闭嘴，由着他。一天下午放学后，我把他叫进了办公室，问他："最近过得还惬意吧？你成班上老大了，是吧？"他低下头，不说话。"运动会上，你为班上立了功这不错，值得表扬，但值得翘尾巴？学习比得上其他同学吗？你样样都行吗？"他仍然低着头，也不开口。"好好想想吧。班上其他同学也为班上荣誉做出了贡献，他们是什么样的态度？骄傲了？翘尾巴了？"

泼了这盆冷水，他脑子清醒多了，再也不目中无人了。头脑发热时，需要的是冷水，降降温，而不是继续地加温，因为加温只会让他头脑更昏，尾巴翘得更高。表面看来，那是在帮他，其实在害他，让他在人生路上迷失自我。

在优异的成绩面前，容易被冲昏了头脑，迷失了自己，听不进他人的意见，希望他人把自己捧得更高，这是很多人的心理。中外历史上，此类例子比比皆是，不用细说。

我们作为班主任，需要注意的是，要时刻警醒自己，发现学生的优点，同时又要防止学生拿着优点当砝码，拼命加重砝码，在虚浮的砝码中失去了真正的自我却不自知。老师在这个时候，要给予提醒，给予否定，甚至严肃的批评，让他们醒悟。案例中，魏某的行为如果再不及时给予提醒，给予批评，继续让他翘尾巴，他会摔跟斗。而给他当头一棍，这是必须的，问题在于时机的选择，既不能伤他的自尊心，又让他醒悟。提醒、否定之时，千万不能伤害了他，否则，就会使他一蹶不振，缺少上进之心。

选好机会，把握好分寸，这是门艺术，值得细细琢磨。

以前，班上还有这样一件事：班长数学成绩好，学校把他作为苗子来培养，准备选派他去参加县里的数学竞赛。可是，就在参加比赛的前天晚上，他却与学校几位同学一起，去外面偷了农户的西瓜。更为严重的是，他们还踩烂了很多未成熟的西瓜，造成了极坏影响。这事被发现后，农户告状到了学校。我这个班主任只好向别人赔不是，叫他向别人认错，并赔礼道歉。好在那农户也是老实人，并没有要求他们赔偿损失。这事就这样解决了。但对此事的处理并没有完结。第二天，我向学校建议，取消他的参赛资格，以对他进行诫勉教育，挫一挫他的锐气。校长当时就同意了我的意见，并叫我转达学校的意见。

在我向他转达学校的意见时，他留下了悔恨的泪水，并表示此后一定要好好做人，绝不会再发生此类事件。他说到做到。毕业时，他以优异的成绩考入重点高中。

德才兼备，是我们国家对人才的一贯要求。根据人才成长的规律，从小要对他们严格要求，这是在帮助他们健康成长。在学校，不能允许重才轻德的现象发生，否则，有才而无德，对学生本人，对国家，都是危害。这不是危言耸听，而是人才培养的内在要求。

　　班级工作中，如何落实德育首位思想，对班主任是个考验。一些班主任把德育提得高高的，实践中一遇到具体问题，就忘得远远的。学生一旦德育方面出了问题，只要学生学习成绩好，基本上给予放过，不计较，以一俊遮百丑。这是很多班主任的做法，造成了一些学习成绩好的学生，道德上存在着缺陷。那位数学尖子，谁也不否认他的数学成绩好，但是，他的优点并不能掩盖他身上的缺陷。如果不给予批评，剥夺他的参赛资格，就可能会助长了他的不良行为，使他继续沿着这条路子走下去，对他就是一种危害。

　　德育并非尽是大道理，并非都是抽象的教条，有的时候也很具体，具体到每一个人每一个细微的举动。很多情况下小事不小。学生的学习中有道德，学生的言行中更蕴藏着道德。作为班主任，心里要时刻装着学生，关注学生的成长。尤其是当他们在成长的路上，由于尚未成年，行为开始偏离轨道的时候，教师就应该及时给予指正，不能任其膨胀。特别是那些仗着自己学习成绩优秀以为可以一俊遮百丑的学生，更需要指出其错误，让他们脑子清醒清醒，挫其锐气，引领他们健康成长。

阶段性反思中看到自己前行的步履

阶段性反思，就是在一定的阶段，对自己前一阶段的表现回头看，从而发现自己的优劣得失。

对普通人而言，反思是很平常的事，只不过反思的结果不同罢了。有的形成了文字，有的只是放在自己的心里。不存在不会反思的人，也不存在不能反思的人。区别只在于是不是有意识地进行反思以及反思之后的表现。

"吾日三省吾身"，这是曾子对自己的态度，他老人家每天多次反省，看看自己在对己、对人的态度上是否诚恳，是否认真。这是一种对自己，对他人的负责精神。在这样的反思基础上，人的能力、素养等各方面，不进步都不可能。

对学生来说，反省、反思尤其重要。通过反省，可以知道自己所走过的路走得如何，哪些走好了，哪些没走好，需要进行怎样的改进等，就可以明确未来的路该怎样走，怎样才能走得更好。

1. 定期反思

集中反思的时间，我主要是定在期中和期末。之所以如此，是考虑到学生可以结合期中和期末考试的成绩进行反思，意义会更大，反思也会更深刻。学生的主要任务是学习，学习成绩的好坏，会直接让学生联系到自己的在校表现，自己所付出的努力的程度。

期中反思，可以使学生对自己半个学期的表现情况心里有底，坚持好的，改正错的，从而在下半个学期取得更大进步。期末反思，可以让学生对自己一个学期的表现进行审视，对下一个学期怎样学习和生活会有促进作用。

下面是一次期中反思的部分记录：

师：今天是我们进行期中反思的时刻，回忆自己上半学期走过的路，可以发现，既有鲜花和掌声，也有荆棘和汗水，甚至还有遗憾与惆怅。下面让我们自己回顾吧。

生：老师好，同学们好！在班上，我向来都是一个成绩不理想，表现也不是很好的学生。在过去的半个学期中，我觉得自己比原先学习更努力一些，成绩也略有提高。下半个学期，我一定会更加努力，但我需要同学们的帮助，更需要老师的指导。希望在我以后的学习和生活中，能够得到大家更多的帮助。我是真心的。

师：说得很好！我们都看到了你的进步，同时也希望你像今天所说的那样，付出更多的努力，争取更大的进步。

生：半个学期过去了。在过去的时间里，我觉得自己虽然有所进步，但不明显，还需要取得更大的进步。上次回家时，爸爸妈妈问我的学习成绩，他们看到我的成绩后，很不满意，严格要求我要认真学习，要多向班上表现好、学习成绩好的同学学习。实际上，老师也对我寄予了莫大的期望。我将在以后的学习中，不辜负老师和家长的期望，在期末取得更好的成绩。

生：我爸爸妈妈都说我是"扶不起的阿斗"，我自己也觉得是这样。他们千方百计希望我进步，我却总是原地踏步。希望我各方面都要有所进步，我却让他们失望。在学校，我惹了不少事，老师也只不过是批评几句，并没有对我责罚。我打心眼里感激老师。但身上的臭毛病老是改不掉，我自己也苦恼。希望老师和同学们以后多监督我，看我的实际行动。

师：能认识到自己的缺点和错误，是了不起的进步，希望你以后认真按照自己的想法去做，也希望同学多监督，多帮助他。

生：我很感谢老师、同学们的帮助。我能够有今天的成绩，是老师和同学们教育、帮助的结果……

师：你的进步，主要是你个人努力的结果，老师帮助固然重要，没有你个人的努力，也不可能有今天的成绩。以后多努力吧！

……

一些同学的态度非常诚恳，比较认真。他们回头看自己的过去，发现了一些问题。他们对自己的优点与缺点，认识比较深刻。当然，我们也能够读出其中的悔意，其中的抱怨，抱怨自己辜负了他人的期望。当然，渴望进步几乎是所有人的愿望，学生的内心世界也是这样。他们期望进步，却又控制不了自己，他们希望他人帮助，却对他人的要求产生反感。这就是成长中的青少年身上的特点。我们作为班主任，就要熟悉这个年龄段学生的这些特点，从而采取针对性的措施，更有效地进行教育、引导。

那些对自己的过去有悔意的学生，可以看得出，他们进步的愿望比较强烈，也比较迫切。在此后的学习生活中，他们的表现让人赞赏，所取得的进步让人瞩目。这就是这次反思的意义。

注重过程，是新课程的新要求。对一个完整的学期而言，期中只是其中的一段。以往，我们更多的是关注期末，却淡化了期中，这是那种只看结果的工作思路影响的后果。结果与过程，两者都重要。

当然，也要防止教师只讲大道理，不联系学生实际的反思。这样的反思对学生而言，起不到任何作用。

反思，就是反过来思之，既然是反过来，就要彻底一些，深刻一些，不能浮于表面，只做表面文章。教师要引导学生深入到自己思想的深处，自己灵魂的深处，对自己进行剖析，这样才会对自己有所触动，否则，只是走过场。这就需要事先进行引导，乃至进行示范，教师自己要做学生反思的引路人。在学生进行反思之前，我先把自己的反思文章读给了学生听，告诉他们怎样进行反思，怎样的反思才有价值。教师需要有勇气去面对过去的自己，把自己暴露在学生面前，成为学生的榜样。而且，教师这个榜样的影响巨大而深刻。

2. 写周反思

让学生写日记，写周记，是很多教师的做法。我作为班主任，又是语文老师，拥有得天独厚的条件。我要求学生把写周记改成写周反思。

周反思，就是反思自己一周以来的得与失、好与差，从中吸取教训，提高自我认识的水平。

写周反思，他们当初还不太适应，认为写周记更容易，用不着思考就基本上可以应付。而周反思则要求更高，要对自己一周以来的学习生活进行审视，进行比较，尤其是要把自己所做的事情与要求、与原则进行对比，理性思维的成分更重了。开始时，他们不适应是正常的。随着一周一周不断写作，不断交流，他们就慢慢适应了，理性反思的成分就越来越多，也越来越深刻了。优点和缺点，优势和劣势，好与差，与原则的距离，与标准的距离，他们都渐渐接触到了，也能够客观地对待自我了。

下面是几篇写得较好的周反思中的片段：

周反思1：本周以来，我认为自己在如下方面做得比以往更好。

作业全部凭着自己的能力完成，再也不抄别人的作业了。想想自己以前，作业基本依赖别人，造成严重的依赖思想，一到作业检查的时候就紧张起来，想一想借谁的作业来抄更好。现在不用了，靠自己就行了，真有不会做的，问问同学就可以解决。

上课不再说废话了。以前，上课时我嘴巴基本不停，妨碍自己，妨碍同学，还影响老师上课。真是对不起老师，对不起同学了。

写字更认真了，字写得更端正了。

周反思2：把写周记改为写周反思，让我对自己有了一定的认识。我原先的表现确实有点荒唐，让老师头疼，让同学不高兴。上周开始，个人认为有所改进，没有妨碍他人。我发现，我身上的臭毛病改了以后，班上同学不像以前那样讨厌我了。……

周反思3：上周开始，我在英语学习上花的时间比原先多了，觉得单词记得更牢了。早读课，我会用一半时间读英语单词，当天学的单词基本能够背下来，如果当时时间不够，背不下来，我则利用早饭后的时间，再念，再背，时间基本就够了。原先，在背单词方面，所花费的时间太少，所以导致英语学不好，课文读不懂，上课听不懂，英语越学越差。有些读不出，或读不准的，问问同桌或班上其他同学，或者问老师。虽然英语课我仍然有很多听不懂的地方，但我相信，随着我背的单词越来越多，以后就能够听懂，也能学好英语。

周反思4：原先，我化学学得差，都怪我自己。从上周开始，我上课认真听，课后认真复习。把该记忆的内容全部记下来，觉得化学学起来没有想象中那么难了。

周反思5：我利用这个机会介绍一下自己上周的学习经验。

抓紧时间巩固学习内容。老师上课之后，一定要在当天通过做练习消化，千万不能拖到第二天乃至第三天，或者干脆不管，这会导致以后有更多的东西不懂。因为后面学习的内容，都是以前面所学内容为基础的。

认真完成作业。这很重要。学习不做作业，这是不认真的表现，更是不想巩固学习内容的表现。

多问。问老师，问同学。这都是学习所必需。一个人不可能什么都懂，什么都会，不懂的，不会的，都需要请教他人。古人不是有"不耻下问"这样的说法吗？这是读好书、写好文的重要方法。

……

以上所选，既有学习尖子的反思，也有一般学生的学习体会，更有学困生的反思文字。透过这些文字，我们几乎可以看到班上不同类型学生所做的反思。虽然水平的高低一眼就可以看出来，但他们都有一个共同点：认真看待自己的过去。有了这样的态度，就可以发现自己的毛病，自己的不足，就有改进的可能，进步的可能。怕就怕不认真，马虎了事，穷于应付。水平差的，文字思路较乱；水平高的，条例清晰，文字表达也更顺畅。这当然与语文水平有关，更与长期以来的学习态度有关，但只要认真反思就可以取得进步。

周反思5，是学习成绩好的同学写的，这当然是在我的授意下写的，目的在于向班上同学介绍学习经验。这样的经验介绍，对全班同学搞好学习都是有帮助的。结果也确实如此，反响比较强烈。她作为班上的学习尖子，其成功确实有一些值得他人学习与借鉴之处。介绍出来，就是一种贡献。

教师需要注意的是，不要操之过急。学生写周反思，有一定难度。他们毕竟还是成长中的学生，尤其是初中学生，理性思维能力不够强，一下子突然要求他们写理性思考的文章，短时间内还难以写好，这是现实。教师是引路人，教师自己如果能够为学生做好示范，把自己的反思文章拿在班上当范文，则可以大大缩短学生自己摸索的时间，少走不少弯路。

适当惩罚产生正面效果

惩罚就是惩戒、责罚、处罚。它是教育不可或缺的手段。有人说没有惩罚的教育是不完整的。原因在于未成年的学生，他们身上还存在着不成熟的之处，不进行适当惩罚，他们身上的那些顽劣性就会带入成年，一直伴随他们的一生。适当的惩罚，不但不会对他们产生负面影响，反而能够在他们的成长道路上产生正面的影响，帮助他们克服身上的缺点和不足。

惩罚也是评价的一种，是一种否定的评价，一种与具体情境融合在一起的评价。例如，对学生喜欢打架这一行为抽象评价效果差，如果感性一点，罚他面壁10分钟，这样就把评价与具体情境融合在一起，以一种可以感受、体验的方式提出并实施评价。感性化是它最为主要的特点。

惩罚不是体罚。眼下有一些人直接把惩罚当作体罚。这是一种误解。体罚是对学生的身体进行惩罚，这当然是错误教育观念指导下的惩罚行为，其根本错误就在于触碰了学生的身体，将对学生造成一定程度的肉体和精神上的伤害。这是绝对不允许的。而一般的惩罚，只是采取一定的措施，对学生的错误行为进行适当的惩戒，而不触及其肉体，不对其造成心理伤害。需要严格区分。

惩罚是一种负面的，否定性的评价，否定的是学生身上的缺点与不足。这种否定的目的在于正面效应，让学生改掉身上的缺点和毛病，让那些妨碍学生健康成长的因素没有立足之处，无法影响学生。

我们要惩罚的是学生身上的顽劣性，而不是学生这个人。学生打架，老师罚他面壁思过，就是要他在面壁的过程中忍受痛苦，从而把自己的过错改掉。

一次，偶然遇到另一班的一位同学，他竟然走过去无缘无故打了人家两巴掌。原因竟然是他看那同学不顺眼。十分荒唐的理由。挨打的学生肯定不同意，把家长叫到学校。家长非得要打人者带他儿子去医院检查不可。结果，打人者的父母亲也赶到了学校。双方家长带着孩子一起去医院检查，尽管没什么大问题，但是脸上肿起来了。

这样的学生能不受适当惩罚吗？显然不能，否则，他以后气焰会更嚣张。怎么处罚？先写出深刻检讨，字数不能少于600。对他而言，这是一项难完成的作业。因为他平时的作文，最多也就是200字。他重写了好几遍，我才让他过关，目的就是想让他长长记性。然后再罚扫教室一周，不允许别人帮忙。他不得不每天老老实实把教室打扫得干干净净。

接受惩罚后，他再也不敢动辄打人了。

我所惩罚的，是他所犯的错误，并没有对他这个人怎么样。我仍然尊重他，与他交流，与他谈话。他没感觉到自己受到什么委屈，受到什么威胁。如果我把他找来，话没说上两句，就动手打他，那就是罚这个人，而不是罚他的错误。尊重学生人格的前提下，惩罚学生所犯的错误，这才是教育惩罚所需要的。学校不是公安机关，学生也不是罪犯。学校以教育为主，只是教育的方式方法具有不同特点而已。惩罚作为教育的一部分，虽然是通过使学生产生痛苦而诫勉，但是仍然围绕教育本身的目的——人的成长，而不是人的整体抑制。

惩罚只是辅助手段。我们说教育不能缺了惩罚，这并不意味着教育就是惩罚，可以以罚代教，一罚到底。

有这样一位班主任，教育学生乏术，只好以罚代教。他很少对学生进行正面教育。他最拿手的法宝就是：罚。在他班上，学生的各个方面表现都转化成为分数。分数被扣完了，就罚款。还有一位班主任，竟然直接在班上订立惩罚制度，各方面表现不好都统统罚款。迟到一次罚款一块，上课说话一次罚款一块……结果，钱罚了不少，班上纪律仍然乱糟糟，学生根本不听他的话。最后，他只好辞职，学校也批准了。

以罚代教，虽然省事，却会遭到学生和家长的反对。我们知道，教育如果缺乏家长的支持，问题就严重了。

以罚代教的实质就是把惩罚当作教育的全部，以为一罚就把学生教育好了。这是一种主观愿望，而不是客观实际。一味地惩罚，会罚出学生的怨恨，罚出学生的负面情绪、抵制情绪，乃至抵抗情绪。那两位老师的做法便招致了学生的怨恨、抵抗。过多过烂的惩罚，还容易引起学生与其他班级的比较。学生如果发现自己所在班级惩罚过多、过烂，其抵制、抵抗情绪就容易产生。这样的惩罚，还有必要吗？

作为一种辅助教育手段，惩罚是在迫不得已时才使用的。一般情况下，能进行正面教育的尽量正面教育，正面教育无效的，才使用惩罚手段。例如，学生屡教不改，一再犯错误，这时就可以考虑使用惩罚手段了。对他进行适当惩罚，是为了挽救他，为了使他改邪归正。

教师要灵活掌握惩罚权。在倡导教育公平的今天，绝对不能因人而异，搞个人照顾，要做到惩罚面前人人平等。屡教不改的必须接受惩罚，这是理所当然的，不能因私情而失去了公平。某某的父母亲与自己关系好，或者是自己的亲戚，就照顾，即使犯错误也不处罚，或者重错轻罚，都会招来学生的反对，遭到学生的抵制。

所谓的灵活性，指的是在执行惩罚时，要考虑学生的年龄、性别、个性等因素，根据学生的具体情况，在实施惩罚的时间、地点及方式上灵活对待，而不是完全按照同一个模式实施。两位男生都因迟到而被罚唱歌两首。在惩罚过程中，老师发现，一学生胆子大，另一学生胆子小。声音大，嗓门高的，不妨要求他声音大一些；声音小，嗓门低的，可以不要求他的声音像另一学生那样大，可以适当小点，全班同学都能听清楚就可以了。在选歌曲时，也允许他们选长短不一的歌曲，不要强行要求他们都选长歌曲。只要他们唱完两首就可以。因为我们的目的不在唱歌，而在罚。如果总在细节上纠缠，就会让学生讨厌自己。

不要因少数人犯错误而惩罚多数人。现实中，经常存在这样的现象。晚上，宿舍里深更半夜还有人在说话，恰好被值日老师巡查发现。第二天，班上被扣了几分。班主任发现后，查了很久都没有结果。最后，班主任一气之下，罚整个宿舍的人不吃早饭。

这样的处罚，其实是让全宿舍的人都讨厌班主任。不管班主任承认与否，结果就是这样。这样的处罚，越少越好，最好是没有。

实际上，少数人犯错误全体受罚，罚的结果仍然是查不出到底是谁犯的。如果是刚开始，老师不明白这样的道理，倒是情有可原，若一而再、再而三地实施，就值得深思了。这是最傻的做法。这样的评价，等于封建时代的连坐，一人犯法，全家受罚。这很荒唐。

此种方式的处罚，很多老师都在运用。上课时，有两人说话，老师发现后，用了十分钟时间批评。这仍然是少数人犯错全班受罚。全班几十位同学的学习时间，就因两位同学的说话被耽误了。这是谁给老师的权力？全班同学宝贵的学习时间活该被浪费？再说，批评人要注意地点，注意场合，注意方式方法。这叫作灵活性。

老师遇到这样的情况，完全可以当时制止，再让他们在课后到老师办公室去接受批评和处罚。

多一点主动惩罚，少点被动惩罚。所谓主动惩罚，指的是学生本人意识到自己犯了错而受到惩罚。而被动惩罚是指学生没有意识到自己所犯错误而接受的惩罚。两种惩罚，效果是不同的。经常有这样的现象：有的学生根本没有意识到自己犯了错误，老师处罚他，他可能心里有怨气，口中有怨言。惩罚，对他而言，只是被迫接受而已。他可能还会觉得自己被冤枉了。例如学生在别人不在现场的情况了，拿了人家一本书来阅读，却长时间不归还。后来，有人揭发是他拿了。问他为什么不及时还给人家，他仍然没有意识到自己的错误所在，认为是人家冤枉了他。如果此时去惩罚他，他心里肯定不高兴，只是迫于压力而已。

很显然，这样的处罚，起不到什么作用。因为他根本不认为自己错了，而是被人冤枉了。老师想通过此次惩罚使他改正错误，目的难以达到，他很有可能会旧病复发。

遇到这种情况，老师一定要设法让他认识到错在哪里，为什么错了。在他认识到了错误之后，再处罚也不迟。

处罚的是学生的错误，处罚结果所产生的，却是正面的效应，使学生沿着正确的轨道前行。

正面评价弘扬正能量

教育不能单打一，需要家长的配合。缺乏家长的配合，会造成教育资源的严重浪费，也容易造成教育效果的相互抵消。

家校合作，就是两股教育资源合理利用，拧成一股绳，形成教育合力。

家校合作中的正面评价，就是指学校和家庭这两大教育力量通力合作，给学生正面的鼓励，让学生在家校双方的共同努力之下，发扬优点，改正缺点，健康成长。

5+2=0，这是几年前人们对家校两股教育力量分道扬镳时教育效果的形象表达。它所揭示的是，学生5天在学校养成的好习惯，在周末这两天就被家长抵消了。所以，无论老师怎样教育，效果总等于零。

这样的说法虽然有夸张的成分，但至少也揭示了部分事实：家庭教育与学校教育存在着分歧，存在着相互抵消的现象。

1. 就学生的某一方面形成正面评价的舆论

家校形成共同的舆论，这是班级建设的重要内容。在一定的时期，家校双方在某方面正面评价学生，对学生而言，是巨大的精神激励。

家长会上，有关学习态度问题，可以进行正面评价，以形成好的、有利于学生学习的舆论氛围。

在一次家长会上，我与家长就学习态度问题进行交流。在交流了学生的学习成绩之后，我很欣慰地告诉家长：就最近一段时间的学习态度来说，总体而言全班同学对学习都比较重视。自习课上，学生在教室里基本能够做到认真看书，认真完成作业。家长们听我这么一说，也纷纷议论起来。有的说，孩子变化大，对学习更加在乎了，真把学习当回事了；有的说，孩子很明显的变化是，周末带书、带作业回来，而且还会抓紧时间认真完成作业；有的说，只要查一查孩子的作业本，就可以发现他的学习态度变好了……

老师夸，家长也夸。在场的学生非常在乎老师、家长说了些什么，更在乎老师和家长怎么看待自己的学习。当他们听到老师和家长的好评价之后，心里一定高兴，至少迥异于原先基本上只交流学生缺点与不足的做法。

一般而言，传统的家长会上，更多的是老师向家长告知学生在校的不良表现，家长则向老师唠叨自己孩子的种种不是。结果，家长不满意，老师不满意，学生更是不满意。我想，与其让三方面都不满意，还不如让三方面都满意。于是，换了一种思路，多夸夸学生。

可以说，以前的那种以交流孩子缺点为主要内容的家长会，只会让学生心生不满。所以，原先的家长会，很多家长有意见，因为他们所听到的，满耳朵都是孩子的不足，让他们泄气。改革之后，家长所知道的，就都是孩子的良好表现了。于是，在微信群里，家长的怨言少了。

当然，要所有家长都做到，的确很难，班上毕竟存在着学业不良的学生，家长就一定会不满意。怎么办？先做好他们的工作，让他们少谈孩子的不足，多看孩子的优点，多观察孩子的变化。

合力的形成，说难也难，说易也易。难就难在与家长达成一致。家长的思想一定要做通，否则，就前功尽弃了。家长的工作做通了，其他的事情就好办了。至少家长不至于拆台，不至于散布不和谐言论。

"每件事有一百种做法。"家长会上议什么，存在着观念转变的问题。并非自古以来只有一种观念，一种思路。转变一下观念，换一种思路，就是一番新天地。

2. 对某一学生家校合力进行帮扶

家长会上形成合力是针对全体学生而言，家校合力进行帮扶则主要针对个别学生。班主任因对某一位学生的教育而犯难，是常见的事情。这个时候，就需要双方协商，形成合力。

现在通信发达，电话、QQ、微信，是最为常见的交流工具，老师与家长可以用来针对孩子进行帮扶工作。

班上有位学生，是"双差生"，家长、老师都头疼。并且听学生说，家长比较迷信，给儿子算了八字，认为能够考上高中。而他的实际成绩是，初三上学期期末只考了280多分，距离中考录取分数线，相差十万八千里。该学生上课从来不认真，不是说话，就是玩手机。老师缴了他的手机，他意见很大，几天都不认真上课。家长来了学校，详细了解了情况，我又把从学生那里听来的有关迷信的情况与家长确认。家长告知之前确有其事，但现在看来那全是胡说八道，要考上高中，得靠实力，希望老师多帮助。

当时我就觉得，家长有这样的愿望是好事。接下来的事情，就是与家长商量怎么进行帮扶。

家长没多少文化，在家里，文化上的帮助给不了。于是，我们商定：在学校，他除了认真上好课之外，还必须认真完成作业。在家里，家长严格监督，监督他作业的完成情况，监督他用了多少时间进行学习。用电话、QQ或微信，及时保持联系。一句话，在学校，老师监督；在家里，家长监督。

加强双方的联系，保持双方的沟通，非常重要。还有更为重要的，那就是双方一定要以正面评价为主，尤其是家长，绝对不要动不动就批评指责，动不动就吹胡子瞪眼睛。应该多鼓励，多帮助，注意自己的言语，自己的态度。这一点，对家长来说，比较难做到，需要耐心，需要修养。教师一定要主动与家长多沟通、多交流，了解学生的在家情况，指导家长与孩子多沟通、多鼓励、少指责。

后来，该学生虽然在中考时没有达到重点高中录取分数，但考上了普通高中。后来还考上了大学。

与家长的正面评价所形成的合力挽救了该学生。当然，这个过程既充满了挑战，又考验了双方的耐性。挑战，来自于学生，来自于家长，更来自于那套僵硬的机制。好在家长非常配合，否则，也难以取得实质性的效果。耐性，来自于自己与家长的信念，来自于对学生的信赖。如果没有这样的信念与信赖，也有可能早就放弃了。

对一个"双差生"，还要从正面进行评价，的确是难为了家长，也难为了我自己。耐性加智慧，就是保障。当然，家长由于文化程度低，不能对孩子的学习给予实质性帮助，更难以进行正面评价，但可以在监督上尽自己的责任。班主任、任课教师，则更多地担负起文化学习上的责任，以及正面评价上的责任。由于文化学习涉及各科教师，就需要班主任与任课教师做好沟通与协商，在思想上达成一致，否则，也不可能达成目标。

第五章 适当授权与施压

有人说，中国教师有着超强的班级掌控能力，基本上掌控了班级事务的绝大部分。相对而言，给予学生的自由空间非常少。所以，我们的学生在思想上、学习上，都被死死掌控着，学生只能在十分狭小的空间内思考与活动。我们的学生无论在思考还是创造性学习方面难以出彩，原因就在这里。

在今天这个倡导以人为本的社会大背景下，班级管理中适当放权很有必要，否则，以人为本就是一句空洞的口号，培养生动活泼、积极主动的学习者的目标就会落空，学生不可能活泼起来。

当学生拥有了权利的阳光之后，他们全身的每一个细胞都将活跃起来，都将投入到学习和生活中。更为重要的是，他们的整个大脑就将活跃在学习和生活当中。这样的学生才是真正活泼生动的、主动学习的人。

我们常说，教育是为了人的成长。但长期以来，我们都在干着与目标达成不协调的事情，总喜欢把班级的管理权抓得死死的，把学生管得死死的，直到管得一个个都暮气沉沉，我们才以为达到了目标。这种严重背离了我们既定目的的管理，却被我们捧得高高的，奉为成功经验。如果换一种观念、换一种思路去思考与实践，局面可能就是崭新的。

课堂上的自选动作

自选动作，是相对于规定动作而言的。自选动作就是指在教师的指导下，学生根据自身学习的需要、目的和要求，自己探寻学习内容，自主掌握学习进程，并进行交流、评价的学习方式。很显然，这是区别于传统的教师主导的一种学习方式。自主、合作、探究，这是新课程极力倡导的新的学习理念。自选动作，就是这种学习方式主导下的具体实践。

自选，是学生自己做出的选择，意味着学生可以在多种对象中选择一种，而不是教师限定或指定某一种。但是，自选不是指学生可以很随意地选择，而是在教师的指导下进行的。学生毕竟是未成年人，是尚在求学之人。教师的指导、引导都是必要的。毕竟，学生再怎么自选，总是教师整个教学计划的一部分，总是学校教育计划的一部分。

1. 自主权放给学生

语文课上，学习鲁迅的《故乡》。在学生初步熟悉课文，自我解决了生字生词之后，教师开始放权了：仔细阅读课文，就课文中自己最感兴趣或感触最深的文字，在班上进行交流。学生在经过了一番阅读与思考之后，进行举手发言。下面是一位学生的课堂交流发言：

我感触最深的文字是"我"与闰土见面的那段文字：

我这时很兴奋，但不知道怎么说才好，只是说：

"阿！闰土哥，——你来了？……"

我接着便有许多话，想要连珠一般涌出：角鸡，跳鱼儿，贝壳，猹，……但又总觉得被什么挡着似的，单在脑里面回旋，吐不出口外去。

他站住了，脸上现出欢喜和凄凉的神情；动着嘴唇，却没有作声。他的态度终于恭敬起来了，分明的叫道：

"老爷！……"

我似乎打了一个寒噤；我就知道，我们之间已经隔了一层可悲的厚障壁了。我也说不出话。

他回过头去说，"水生，给老爷磕头。"便拖出躲在背后的孩子来，这正是一个廿年前的闰土，只是黄瘦些，颈子上没有银圈罢了。"这是第五个孩子，没有见过世面，躲躲闪闪……"

这段文字形象生动，把"我"与闰土见面时的那种激动与尴尬描写得栩栩如生。"我"激动得心里有很多话但一下子很难说出来，不知道说什么好。只说了七个字，而且还说得不连贯，断断续续。再看闰土，"脸上现出欢喜和凄凉的神情；动着嘴唇，却没有作声"。欢喜，也就是高兴，"动着嘴唇，却没有作声"也许是因为激动，不知道说什么好。再结合下文我们可以看出，此时的闰土，是不知道怎样称呼"我"罢了。下面的称呼"老爷"，就是闰土在那种情形之下的选择。我们可以想象，当时的闰土，心里肯定在搜肠刮肚，应该怎样称呼自己眼前这位儿时的伙伴，这位小时候的至交？最后，他居然选择了"老爷"来称呼。这是"我"始料未及的。听了之后，"我"心里不是滋味，不平静，"似乎打了一个寒噤"。也就是心里被这一称呼震动了。因为在"我"的眼里，闰土还是原先的至交，不是存在着高低贵贱之分的两种人。拖着水生出来给"我"磕头，就更见出差别来了。

这位学生，可以说是独具慧眼。他能选择这一部分，可以说他下了阅读与思考的功夫。这是课文最为核心的文字，读者读了这部分文字，就可以立即体会作者的感情、闰土的感情，以及社会的现实在人们心灵上打下的深刻烙印。学生读懂了这一段，对阅读该课文的其他文字，就势如破竹了。老师把这个自主权放到学生手中，就是把学生置于完全自主的地位，使学生拥有巨大的选择哪些文字的自由。有了按照自己的思路去思考与琢磨的自由空间，学生就可以按照自己的知识与经验、体验与感悟与作者进行交流与对话，从而建构课文的意义。当然，对那段文字的学习，还可以更加深入，但就初中而言，能够达到这种程度，也就可以了。

2. 把提问权给学生

课堂上的提问，权利向来都在老师那里。一般都是老师提问学生回答，这是传统课堂教学的常态。学生只能按照老师的问题进行学习，进行解答。在此情境下，学生整个人都被老师的问题所牵引，所束缚。学生的思维只能在老师所提问题的范畴之内，一旦跃出了此范围，就被认为是不听话，自作主张。

新课程所倡导的自主学习的理念，就是要给学生学习的自主权利，让他们在学习中可以根据自己的学习兴趣，提出属于自己的问题。

学习中，提出一个问题，其价值绝不亚于回答一个问题。学生如果能提出一个有价值的问题，表明他的思维已经专注于与问题相关的对象与因素。对此，他好奇，他疑惑，在不疑处有疑。这才是现代学习科学所倡导的学习。长时间地关注、疑惑，问题就自然而然地产生。这是非常可贵的发现精神。别人很可能在此处一眼而过，他却能发现问题，这也正是他的过人之处。例如在学习《愚公移山》这篇课文时，学生突然提出了一个问题：愚公和智叟这两个名字很有趣，一"愚"一"智"，两个老头到底谁更聪明？问题一提出，就引起了学生极大的兴趣，他们纷纷发表自己的看法。学生一定是对课文主要内容有了一定的理解，但又不仅仅满足于对课文的理解，而是对"愚公"与"智叟"两个主要人物产生了兴趣，再结合两人的对话，就提出了那个问题。"愚"与"智"，是一对辩证概念。从眼前看，肯定是智叟聪明，而从长远思考，则显然是愚公更富有智慧。问题的提出，深化了对课文内容的理解，建构了新的意义。

3. 将解答权还给学生

不论在哪一门课程的学习中，学生存在着疑问是很正常的。问题在于，学生提出的疑问由谁来解答，学生还是老师？传统的做法是老师。这是中国古老的传统。"传道""授业""解惑"向来被视为教师的基本职责。否则，就是失职。但是，到了今天，如果仍然抱着这种陈旧观念不放，那就真落后了。

学生可以解答的问题老师不解答，这是现代课程理念在课堂教学中的体现。学生的问题，不仅老师可以解答，书本可以解答，学生更可以解答。"无贵无贱，无长无少，道之所存，师之所存也。""弟子不必不如师，师不必贤于弟子，闻道有先后，术业有专攻，如是而已。"一千多年前，韩愈的话，道出了一个深刻的道理：能者为师。只要有能力即是师。语文课中学生提出的一些有关作者介绍、文章背景等的知识性问题，都可以由学生来解答。文言文学习中，一些有关文言实词、虚词及简单的语法现象的问题，学生都可以解答。数学课上有关解题思路、计算等方面的问题，学生也不陌生。一句话，只要学生可以解答的问题，老师不必越俎代庖，不能有意无意地剥夺学生的权利。

4. 把思维权赋予学生

学生学习的思维权是学习的基本权利。学习离不开思维，不能没有思考。那么，谁思考？原先是老师思考，或最多由老师领着学生亦步亦趋地思考。学生虽然也存在着零星的思考，却是被牵着进行的。教师不赋予学生思维权，其他的权利都会落空。要让学生真正沉浸在学习过程中，如果缺乏基本的思维权，可能吗？学生不思考，怎么去提问？学生不思考，怎么完成练习？学生不思考，怎样进行自主学习？……这些，都要依靠积极的思维才能推动，才能学有所得。否则，只能是扛着脑袋干坐着。

把学生作为真正的学习的主体，发展的主体，就要使学生拥有一些基本的权利，否则，主体的发展一定会落空。

让学生来我家借书

现在的社会不缺书,而缺读书人。在学校,学生借书也不是一件困难的事。当前,随着城乡教育的均衡发展,学校图书馆的装备已基本完成,不论乡村学校还是城市学校,图书馆都拥有一定数量的书籍供师生借阅。

那么,还有必要让学生到自己家里来借书?有必要,而且,完全有必要。"醉翁之意不在酒",借书之意不在书,而在师生情感交流,在融洽师生关系。

我是一位爱读书,也喜欢买书的人。我家的藏书有上万册。为了让我这些藏书发挥更大的作用,也为了加深与学生的关系,我特地允许部分学生来我家借书。

这里的部分,指的是班上那些喜欢看书的同学。不论他们学习成绩好与坏,愿意就行。我这个门槛很低,低到几乎不设门槛。

当然,这个建议是他们提出的。当他们听说我家有一些藏书之后,竟然试着向我提出了借书的要求,他们没想到,我竟然答应了。下午放学后,他们抱着试试看的态度来到我家门前,并说明来意。我热情地把他们招呼进来,带他们来到了我的卧室。我的书都放在卧室里。我让他们自己在书橱中挑选,看到自己喜欢的书,尽管借。

毕竟两代人之间在文化水准、兴趣爱好上存在着距离,我的藏书,真正适合他们阅读的并不多,反而是我的态度让他们感兴趣。此后,这一借一还之间,师生之间的接触自然就多了,交流也多了,相互之间的了解也更多、更深刻了。随着我与学生接触机会的增多,了解的增多,心灵上的距离也就越来越短了。至今,一些学生还写信来谈当年他们来我家借书、还书的事情。有位女生写道:"当初去您家里借书,实在只是出于好奇,看看老师家里到底书多到什么程度。没想到老师竟然当真了。更没想到老师竟然热情地借给我们,还让我们自己随便借,只要自己喜欢。"还有学生写道:"老师,其实有的书,我看不懂,也没看完。但我接着又借。为什么呢?就为老师的热情。"

借书而不为书,借书却没读完,这看起来有点荒唐的事情,却真真切切地发生过,而且持续了那么多年。

借书这件事虽小,但能做到也不容易。学生也很珍惜这样的机会。虽然学校图书馆的藏书数量要远远超过我的藏书,但来我家借书的学生,竟源源不断。为什么?我的书满足了部分学生的阅读需求。例如,班上一位学生喜欢阅读带有哲学意味的书籍,而我家的藏书中,恰好有此类书籍。学校图书馆则缺这类书。自然,他就喜欢来我这里借了。我把全国新概念作文大赛获奖作文集都买齐了,满足了几位作文爱好者的需求。我还常常有选择地根据学生需要,在网上书店购买相关书籍。孔夫子旧书网是我常常光顾的网店。在那里,我经常能够买到自己需要的便宜书籍。二手书,价格自然要比新书便宜了不少,经济又实惠。语文知识方面的,文言文学习方面的,他们都愿意来我这里借阅。看起来,这样的做法不那么可取,既花钱又费精力,但作为一线教师,为了使自己的藏书发挥最大的效益,我认为这是一件非常值得去做的事。况且,实践也证明,行之有效,我何乐而不为呢?

教育中的事,很多都是细碎的小事,但正是这一件件小事,建构了大教育。一件一件的小事做好了,学生有收获了,就够了,也就成了大事。让学生来自己家借书,这无疑给了学生宝贵的权利,学生觉得有意义,自然就会珍惜。我们把权利给了他们,他们珍惜了,书借得多了,获益就多了。赋予他们借书的权利,就是在乎他们,就是把他们当作真正的班级主人来看待,当作"自己人"来对待。这是学生能够感受与体验到的。

有的学生,你别看他们学习成绩不理想,但喜欢阅读。老师让他们来家里借书,这分明就是没有对他们另眼相待,他们没有被歧视的感觉。把他们当作班级中重要的一员,他们就很容易融入班级这个大集体、这个大熔炉，还用担心学生与你作对吗？

来我家借书，还有另一种方式：借学生集资订阅的杂志。

早年，学校缺乏图书资料，缺乏学生课外阅读的书籍。我这个阅读爱好者，替学生想了个好办法：学生们自己集资订阅杂志。这个看似不可能实现的愿望，我实现了。先以自愿的方式全班集资，集资多少订多少。我从邮局拿来了订阅目录，让学生自己选择。学生遇到不懂的地方，我替他们解答。学生们自己筹集到资金，自己订阅。但班上缺书橱，杂志无处存放。在学生们愁眉莫展之时，我告诉他们：如果信得过老师，就放在我家里，我替大家保管，替大家办理借阅手续。他们当然非常高兴。一来解决了存放问题，二来解决了借阅麻烦。这样，每期杂志的到来，都经我签收。想借阅的，每周一次，借期为一周。

一个学年后，杂志重订。毕业时，杂志以每本一元的价格卖给班上同学，还是无偿捐赠给下一届同学？最后，他们决定，无偿捐赠。

每周四下午放学后，就是学生借杂志的时间。

当然，学生借阅杂志的权利，是自愿前提下付出了金钱之后获得的。不可否认的事实是，借阅杂志是全班同学的权利。当初那些没打算参与的同学，也获得了借阅的权利，但他们是两周借阅一次，体现出了一点差别。

赋权的方式有多种，借老师的书，是一种；来老师家借自己集资订阅的杂志也是一种。前者完全是老师赋予的，后者则是"合资性"的，是学生自愿付费之后获得的权利。

赋予学生某一些权利，这是给学生发挥、施展才华的机会，而不仅仅是让学生以某种特权来炫耀，干与自己的成长无关，或对自身有害的事情。

给了学生来我家借书的权利，就给了学生发展与施展的机会，是否就一定意味着学生能够真正让自己得到锻炼与发展？这是一个值得深思的问题。

给了学生来我家借书、借杂志的权利，到底起到了什么作用？密切了师生关系，这不容分说。他们与我混熟了，平时交流也就更随便，不必像原先那样受约束，心理距离拉近了，自然他们有什么好的意见和建议就会直接向我提出。一些原先很少与老师交往的学生，胆子也变得大起来了。

个别经常来我家借书的学生，虽然不善言谈，但总能说上几句。这就是变化。

当然，也使一部分学生爱上了阅读，爱上了写作。我爱好读理论著作，有几位学生在我影响下，也爱上了这类书籍的阅读。而此类书籍是学校图书馆所缺乏的。正因为有了我的书籍，才满足了他们的嗜好。尽管他们在当年阅读时可能只是半懂，但毕竟在他们面前展现了一个新的世界，一个他们从未接触过的世界。正是这个世界，一直让他们迷恋，让他们沉浸其中。例如《展望二十一世纪》，这是英国历史学家汤因比和日本著名社会活动家池田大作的对话录，文字并不深奥，但涉及国际社会、政治、经济文化等方方面面。学生也借去了阅读，还说收获比较大，说明他们至少读懂了一部分。出乎意料的是，个别同学在他们的作文中，引用了该书的一些观点。那些来我家借书的学生，在他们走上社会后，仍然保持着当年的阅读精神、阅读取向。

"今天我当家"

让学生当家，这是充分放权的典型体现。这里的当家，指的是全权管理一个班级。

当一班之家，说起来容易，做起来并不容易。俗话说："不当家不知柴米贵。"当了家，才知当家之难。当然对学生而言，当一次家，会收获各种各样的体验，能够增长才干。

要当好家，就要筹划家庭事务，计划一段时间内的各种事情；就要化解矛盾，团结各方面力量；就要尽可能调动全班同学的积极性，集思广益，广泛吸收意见和建议，从而带领全班同学阔步前进。

这对学生的能力、人格、魄力，都是一种实实在在的考验，一种名符其实的锻炼与熏陶。游泳中学游泳，实践中长才智。这一向都是我们的传统，也是我们管理班级、锻炼学生的重要方式方法。

放权给学生，让他们进行班级管理，从所管理的事务来看，有全面负责型的，也有分项负责型的；从当家的时间长短来看，就更复杂了，有一天的，有两天的，还有……

1. 今天我当学习委员

尽心尽责地当好学习委员并不容易。作为班委会中专门负责学习事务的班干部，首先要明白自己需要干什么，怎样才能干好。职责不明，大脑糊涂，肯定是干不好的。

请看几位同学的当家体会：

生：当学习委员，我第一次当官。我很激动，但也很遗憾。当了一天官，我发现了自己真不是那块当官的料。

生：当了一天官，得到了一天的锻炼。我体会到，当一名称职的学习委员真不容易。今天的数学课上，有同学反映老师讲得太快，自己跟不上，听不懂，就需要我这个学习委员给同学补课。要给同学补课，我自己就必须先弄懂，否则，同学问到我，我就解答不了，会让同学失望。为了解答同学可能问到的问题，晚自习前，我花了半小时把学习过的内容先理解，上课时才顺利地解答了同学们的问题。一个好的学习委员，工作不仅仅是收发作业本那么简单，还有大量学习上的事务需要自己去做。我做得并不是很好，但我得到了锻炼，希望以后还有这样的好机会。

生：我发现，要当好学习委员，需要付出很多时间和精力，又不能因此耽误了自己的学习。要处理好两者的关系。

我语文成绩差，同学问我语文方面的问题，我回答不了。比如学习了文言文，就需要花时间去复习文言文的有关知识，才能打牢基础。

生：我学习成绩不好，我就是要看看当好学习委员，我是否够格。当了一天，我发现自己实在难以胜任，当不下去。

"没有金刚钻，不揽瓷器活。"没有真才实学，却想当学习委员，看起来是一个天大的笑话。这个笑话的主人翁就是我，但我不怕别人笑话。

我发现，要当好学习委员真不容易。我不是那块料，但我以后可以改变自己。这就是我当学习委员的最大收获。

生：我很理解老师这样做的目的，老师就是要让我们当官，让我们经受锻炼。可是，班上还有同学认为老师这样做是自己想偷懒，就让我们去为老师做事。班上有同学就是这样说的。恰好被我听到了。可能他有自己的理由，但我认为，老师主要是想让我们得到更多的锻炼机会，让我们学得更好。学习委员，官不大，但责任大，负责全班同学的学习，需要做好大量的事务。以前，我总是认为，当个学习委员还不容易？我也能当好。今天当了一天，我心里才明白，要真正做好任何一件事，都不容易，需要很多的付出。

当了一天，我学会了与班上不同的同学打交道。这是很大的收获。谢谢老师给了我这个宝贵的机会。

"仁者见仁，智者见智。"不同的人有不同的体会，这很正常。放权，一部分人欢迎，一部分人不赞成，这也很正常，不值得奇怪。

　　班主任长时间地大包大揽，长时间地独揽班级事务，养成了学生的依赖心理，养成了学生的等待心理。现在，突然要让他们自己去做本来就应该自己做的事，他们反而不习惯，不适应。尤其是学习委员这一职务，任职者本人的学习素养较高，才能游刃有余地应对，否则就可能焦头烂额。第一位同学，已经体验到了这一点。所以，他自认为不是那块料。虽然说这只是学生的自我感觉，有自我否定、妄自菲薄的意味，但也多少透露了他自身的缺陷与不足。"没有金刚钻，不揽瓷器活。"这是第四位同学的深刻体会，也是他的心里话。自己学习成绩不良，学习上的事务自身难保，怎能顾及他人？让自己在实践中得到锻炼，也是一种收获，这是第五位同学的体会。

　　称职的学习委员，不仅自己学习成绩要好，还要具备协调能力，具备与他人打交道的能力，例如与班上同学的交流、与老师的沟通与协调。这些都是作为一名称职的学习委员必备的素质。当然，不具备这样的素质，就要在实践中去锻炼，在实践中磨练，这才是我放权的初衷所在。否则，就只能是儿戏或者瞎折腾。

2. 今天我当值日班长

　　值日班长，班上当天的事务由他全面负责。要当好一个班长更不容易。下面就是几位值日班长的体会：

　　生：以前总以为当班长很容易，总是抱怨别人没把班上管好。现在自己当班长了，才知道其中的难处。顾此失彼，是我当值日班长的失误。想到这一点，就忘记了另一方面。今天，我把主要精力放在监督黑板报是否出好了，结果，扫地这一块就没时间去监督。

还有，我与老师的沟通很少，总是自己一个人去想、去做。

生：今天我当官了，而且是班上最大的官。我很高兴。我早就想试试，想尝尝当官的滋味，今天终于尝到了。但是尝到的滋味并不怎么好，甚至还有点涩，有点苦。同学们对我意见很大，我很不好意思，对不起大家。当了一天官，发现自己能力有限，最多也就只能当个小组长，管管具体事务。

生：我同桌告诉我，我可能不太适合当班长，适合当学习委员。今天一试，我相信了同桌的话。

我学习成绩还好，班上学生问我作业，我一般都会热情地解答。但是，要管好一个班级，与当学习委员不是一回事。一个能够管好具体事务的人，并不一定就能管好一个班。我当班长的经历证明了这一点。

生：很多人都想着当官，班长就是官，是班上最大的官，级别最高的官。我当了这个级别最高的官。我的体会是：感觉好极了。

当班长，我锻炼了自己，我学会了怎样与别人交流，怎样与老师打交道。原先，遇到老师时我有点胆小，有点怕老师，好像老师会吃了我似的。通过这一天与数学老师、政治老师打交道，我觉得老师也是很和善的，没有我想象得那么可怕，那么青面獠牙。

可能是我运气好吧，我当班长的这一天，班上的事情很少，没发生过什么大的事件，比如同学打架之类的，要是遇上了，我就不知道怎样去处理，最后可能还是需要老师出面。

午餐时，班上的次序也特别好，没什么需要我操心的。本来，这是一个很难管理的地方。

生：想当班长是很多人的愿望，他们总认为班长是一班之长，官大，体面。我也曾经这样想过。但现在我不这么想了。原因不复杂，因为我有了亲身实践。

老师把权利给了我们，只是想让我们在实践中得到锻炼，而不是为了让我们耀武扬威，以班长自居。

说实在话，当班长一天，让我很好地认识了自己，至少我以后不会再盲目自信了。

在游泳中学习游泳，是学游泳的最好途径。相信学生，把学生放到真实的环境去生活，去体验，是当今教育的一大亮点。让学生当临时班长，就是让学生在班长这个岗位上，精心去实践，去经受磨炼。

自己到底有多大能耐？不到实践中去，自己可能还不明白，自己心里还没有底。实践中一检验，自己心里就有数了。是驴子是马，拉出来溜溜不就行了？也可以让那些好高骛远者静下心来，掂量掂量自己，自己到底有没有当班长的能力，只有在班长的岗位上试一试，心里才会明白。几位同学的体会，都说明了这一点。

对每一位学生而言，并非所有的实践都只是增长才干的机会，也存在着自我认知的功能。有的同学的实践，就让他们认清了自己，上述案例中就有最好的例证。

全面放开作业批改权

作业批改权,一向被视为教师的特权,对学生或者不开放,或者有限制地开放。尽管多年来,一线教师都在呼吁解放教师,让教师从繁杂的作业批改中解放出来,让教师有更多的时间和精力去思考教育教学中的事务,可是呼吁归呼吁,实践归实践。尽管呼吁之声强烈,实践却总是岿然不动。虽然也有不少的"吃螃蟹"者,但始终难以全面推开。

作业批改权的全面放开,指的是全方位地放开,让学生自己做主,自己可以随时修改自己或他人的作业,并写好评语,署上自己的名字。署上姓名,是为了体现一种负责任的精神,而不是随随便便地胡乱批改。

我是语文教师,学生作文的批改,是最需要花费时间和精力的事情。在我的实践历程中,我总是边教学边探索作文批改的新方式方法,让学生在实践中学习写作,从修改他人的作文中去揣摩写好作文的路径。

我全面放开作文批改的做法是:

收齐学生作文后,在每个学生作文本的左上角打好一个小孔,用细绳子从孔里穿过去,然后打结。注意,每个作文本的绳子一样长,可保证每个本子所打的结都一样。

在教室四周的墙壁上,用螺丝将小木条固定在墙上,在小木条上钉上距离相等的小铁钉。

把所有用绳子穿好并打好了结的作文本挂在小铁钉上。

每一个学生都可以对班上任何一位同学的作文进行批改,至少批改一到两篇作文。批改后,写好不少于20字的批语,并给出分数,署上自己的姓名与日期。

公开悬挂时间为一周，必要时可以延长。

教师对学生的批改情况进行抽查并批改学生作文及学生的批改情况。

这样的做法看起来很简单，实行起来却并不简单。教师的工作并没有减少，一定程度上还有所增加。

批改标准的制定，是一项前提性的工作。但是，仅仅这个标准的制定，就需要花费一些时间和精力。不同类型的作文，标准不相同，必须分别制定相关的批改标准。提供样例则是第二步。

教师把自己的批改结果展示出来，供学生观摩，这是提供样例。再与学生共同商定批改标准。当然，批改标准并非每一次都需要重新制定，不同文类的批改标准一旦制定，可以保持相对稳定，必要时稍作修改。例如记叙文的批改标准，制定之后没必要每次都修改，可以使用一段时间，特殊情况特殊处理。提供的样例，应该具有典型性，批改要规范，不能随意，否则就可能使学生犯糊涂。

布置批改任务时，要交代清楚。比如，批改时间、批语书写、批改分数、批改符号等，交代得越清楚越好。交代清楚了，学生就心明眼亮，不至于糊涂。

教师利用课后时间随机对学生的批改情况进行督查，发现问题及时指出，学生及时改正。缺了这一项，学生则可能会认为教师放手不管，可以随随便便，还有可能到批改时间截止时才匆忙批改，以完成任务，敷衍了事。有了平时的随机督查，就可以避免以上情况。

抽查学生的写作情况及批改情况，缺了这一步，前面的努力就可能失效。每次抽查的数量，可以根据实际需要而定，可以是三五篇，也可以是十来篇。当然，数量越多越好，掌握的情况越全面。不对学生的写作情况进行抽查，教师就不可能进行讲评，也不可能对学生写作进行有效指导。检查学生的批改情况，则更有必要。首先，全班学生的作文水平、作文欣赏水平差距较大，他们在批改中，很有可能会判断错误。好作文与差作文，一般作文与优秀作文，他们可能概念模糊，批改时出现偏差。优秀作文给了低分，一般作文给了高分，出现这种情况，教师要为学生指出来，并给予引导、指正。对于学生不认真、不负责的批改，要给予批评。当然，最好的办法就是,在给写作者打分的同时,也给批改者一个恰当的分数。这一步,是反馈,让学生明白自己的作文写得如何,自己批改的水平怎样。

让班上每一位学生面对任何同学的作文,而且在规定的时间内随时可以进行批改,这就是全方位的开放,赋予学生极大的批改权利。学生有很大的选择空间:选择改多少篇(当然是在底线之上),选择改谁的作文,选择什么时候批改,选择批改的态度……选择面前,不同的学生有不同的表现。这一点,从学生实际批改的情况可以反映出来。认真负责的同学,对所批改的作文,既认真阅读,又认真批改;既认真写批语,又认真给分数,甚至也认真写好每一个字。一些不认真的学生,在批改的每一个环节上,都表现得敷衍,比较马虎。这样的态度,对自己,对所批改的作文的写作者,帮助都不大,甚至会对一部分认真写作的学生产生误导。

从实践的结果来看,不论是对学生写作能力的提升,还是对学生批改能力的提高,都有帮助。

这一举措,对学生的写作而言,是一种有力的促进作用。以往,学生作文严格说起来读者只有一个,那就是老师。所以,学生不需要认真去对待,只要能完成即可。现在就不一样了。每一篇作文,都必须面对全班所有同学,写得好与写得差,在同学心目中的差距是巨大的。好的,同学敬佩;差的,同学心里门清。那么,在同学中的长远影响就不一样了。为了在同学当中有好的印象,就逼使他们去认真对待写作中的每一个环节。从构思到书写,都需要认真,一旦马虎就会在作文中留下痕迹。从实施的情况来看,学生的写作能力也的确有所提升。在一次全县作文比赛中,我班派出的学生代表学校参加比赛。现场作文时,一个小时的比赛时间,他40分钟就写完了,而且还拿了一等奖的第一名。这是硬功夫。

对批改的学生来说,他要批改好别人的作文,就首先需要熟悉批改的标准,而熟悉标准的过程,就是在大脑里树立起什么样的作文才是好作文的具体概念、具体图式。对学生而言,这也是一种建构好作文新概念的过程。这样,他就对好作文的理解比原先更深刻,更具体,更生动了。批改的过程,就是培养耐心的过程,也是培养良好思维品质的过程。对他们而言,这是极好的训练。改到了好的作文,就提供了学习的对象,就可以深入地理解与接受；改到了比自己水平差的作文，也可以引以为戒，避免自己以后犯同类的错误。这也是学习，而且比学习《优秀作文选》上的作文更实在，更真实，收获也更大。下批语，更是对自己写作能力的挑战。一些学生，写作能力本来就不是很好，尤其是文字的组织，毛病较多。现在，要为别人的作文写批语，他就马虎不得，必须认认真真对待，把自己想要表达的意思用文字清楚明白地表达出来，不至于引起别人的误解。对批改者而言，这是一种综合能力的考验与训练。他们能批改他人的作文，也就能够修改自己的作文。

　　长期以来，学生的作文修改能力欠佳，是写作上的一大顽症。很多学生写作不打草稿，不作修改。原因当然复杂，但不知怎样的作文才是好作文、缺乏修改作文的习惯、缺乏修改的能力，是不可忽视的因素。他们在批改任务驱使下，慢慢就能够摸索到一些修改的门径，对他们写好、修改好自己的作文有很大帮助。

　　这里还有一个问题，那些写作能力本来就比较差的同学怎么办？他们自己的作文都写不好，有能力批改他人的作文吗？这是一个很实际的问题，需要特事特办，需要同学和老师的帮助。老师要现场指点，从班上拿出两篇作文来，先让他们阅读，再让他们说出哪篇好，哪篇差，好在哪里，差在哪里。说不出，也不要急，老师一步一步引导，不妨先从句子入手，告诉他们什么样的句子才是好的句子，什么样的句子才是差的句子……心急吃不了热豆腐。多一点耐心，多一点爱心。而且，对这些同学，不论是在写作还是批改方面，都要降低要求，不能一刀切。一刀切下去，就可能伤了一些同学的心。区别对待就是对不同同学的不同尊重。

　　这种全方位的放权，也是一种逼迫，一种压力。对班上的每一位同学而言，这种全方位的放权，他们可能没有遇到过，他们在突然的巨大的自由权利面前，可能会表现得束手无策，表现得无所适从。老师不要着急，一开始，学生肯定有一个适应过程，一段时间之后，他们可能就会慢慢适应，主动地充分利用这种好局面来为自己的发展服务。例如有的学生，不仅写一篇作文，而是写两篇一并挂起来，接受大家的检验，让大家提出意见，再进行修改。这是非常善于利用机遇的体现，拥有勇敢接受挑战的精神。这虽然只是个例，但正是这极少数的同学，利用了这极好的机会，让自己获得了更大的进步。还有的同学，利用可以多批改他人作文的机会，班上几乎每一位同学的作文都阅读了，并写出了自己的批语和修改意见。他们懂得利用这极好的学习机会，"择其善者而从之，其不善者而改之"。

我是语文老师，只是一个开路先锋。在我领头之后，英语课程也跟上来了。当然，他们的具体做法不同而已。

从单向交流到双向交流

学习经验交流，是一种很普通也很传统的做法，目的是通过交流促进班上同学投入到学习当中。此项活动，从实际效果来看，往往与预想的目标存在差距。通过长期的工作实践，我发现，之所以如此，根本原因在于，以往的交流基本上只是单向的，只存在着优秀学生向其他学生的经验传输，基本上排除了现场的提问与交流，造成听者被动听，传者主动传输，并不需要考虑传的具体效果如何。

实际上，交流应该是一个动态的过程，而不应该是凝固的，死寂的。交流因互动而精彩。一个生机勃勃的交流现场，才能触动学生的心灵，学生才能"动心忍性"，才能萌生学习的兴趣，产生强大的学习动力。

成功的学习经验交流，需要及早准备，千万不要临时召集，更不要凭着自己的心血来潮。我是在期中考试前一个月就着手准备的。我的选择对象是那些学习成绩好，确实有经验可介绍的学生。为了确保交流的成功，我要求他们先写好交流稿，做好交流的充分准备。当然，还必须准备好应对其他同学的提问，不至于他人一问，竟哑口无言。准备越全面越好，越全面就越能够成功应对。既然是交流，学生就不仅仅是听，还需要思考，需要提问，要预先准备好所要提出的问题。我还告诉了他们一个提问题的诀窍：自己最想学到的东西，自己最想知道的方面。

下面是一部分同学在聆听了几位同学的经验交流后的提问及回答：

问：××同学，我记忆力差，怎样才能记住英语单词？

答：我的记忆力不是很好，大家的记忆力都差不多。要记住英语单词，需要抓紧时间，反复进行。当然，最为重要的就是，不能害怕，绝对不能一看到那么多的英语单词需要记忆就害怕，就担心。只要我们有信心，一个一个去记，我的感觉是，也不那么难。时间不够的话，需要自己抓紧，比如下课的时间，饭后的时间，课前的时间，都可以利用。只要抓紧，时间总是有的。我们只要少玩一点，时间就够了。

问：××同学，我想学好英语，但单词老是读不出来，是怎么一回事？

答：这可能也是很多同学的烦恼。我刚学英语时，也存在这个问题。后来，我上课时更专心，老师在带读的时候，多用心，多记忆，再想点其他办法。比如用汉字标注，虽然不很准确，但可以提醒自己该怎么读。我就是用这个方法才慢慢摸到一点门径的。

读不出，读不准，可以问老师，可以问同桌，更可以来问我。我会尽力帮助需要帮助的同学。你现在就可以来问我。

（问者当场请教，答者当场领读。热烈鼓掌！）

问：××同学，你的作文写得那么好，老师每次都把你的作文当范文在班上读给我们听。我要问的问题是：你是怎么做到的？

答：（一时语塞，可能是紧张所致，稍微停顿了一会儿）你问我作文为什么写得好，原因复杂也简单：认真。说实在话，我的作文真的是用心写出来的。大家可以看得见，我平时就喜欢阅读，读了一些课外书，有了一定的积累。我从小学开始就养成了写作文打草稿、修改的习惯。现在仍然如此。语文老师不是说过嘛，写作要多修改，反复修改，作文是改出来的，不是写出来的。我的体会也是这样。如果不修改，你拿出来的就是一个初稿，而初稿一定是存在不少问题的。精心修改之后的作文就不一样了。同学们如果真想写好作文，不妨认真打好草稿，反复修改几遍，再看看你的文章与初稿有何差别，你就可以发现自己的进步了。

问者回答：我明天就试一试，看看效果到底如何。

问：××同学，我想问你一个问题，怎样才能学好地理？

答：要学好地理，我记得地理老师说过，地理知识80%都在地图上。我就是按照老师的话来学习的。大家可以看到，我经常手里拿着地图，没事的时候就看一看，自然就把地图上的知识熟悉了。地理考试时，很多人读图题丢分严重。老师告诉我们：读图题丢分多的原因就是大家读不懂图，对地图不熟悉。所以，你要学好地理，建议你多看地图，熟悉地图。你在现在不妨问我一个地图知识问题，我立即回答你。

（问者问了一个问题：美国的北面是哪个国家？答者立即回答，且答对了。接着，还有其他几位同学也提了几个问题，他都当场一一进行了回答。）

……

即兴交流也比较精彩：

生1：我喜欢数学，虽然成绩不那么拔尖，但也还可以。我的经验是：及时复习，及时消化。上课所讲，课后要及时抓紧时间复习，否则就忘了。做一两道练习巩固一下，效果更佳。

问：你一般是什么时候复习、消化的？

生1答：晚自习。那个时候时间比较充裕。

生2：我喜欢学物理。我对牛顿三大定律的学习感兴趣。在家里没什么事的时候，我就会摆弄一些物体，对牛顿定律进行验证。这样，我对这些内容的理解与掌握就会比较深刻，在做练习或考试时，就能够想得到，做得出。实际上，有关电流知识的学习也是这样的。你摆弄熟悉了，理解就深了，透了。

（接着就有同学说：原来学物理还可以进行操作，摆弄，我真的要学一学了。）

生3：我对学习语文比较感兴趣。一些同学常常问我怎样学习语文，我在这里统一作一下回答。语文学习是个慢功夫，全靠自己平时多积累。这个积累的过程，需要我们多留心。例如，过年时，我看到有的人家对联写得有特色，就会默默读几遍，记忆在心，有时间时，就琢磨好在哪里。很多情况下，虽然琢磨不出所以然，但收获总是有的。读到一篇好的文章，就不妨多读几遍，心里揣摩一下好在哪里。

我特别喜欢与文字打交道，特别向往着与文字接触。

问：你的这些经验确实非常好，但是我坐不住，该怎么办呢？

生3答：不妨先读一读你比较感兴趣的文章或者书籍，比如《西域记》原著等。你不妨先试一试。

……

成功的交流需要氛围，活跃的氛围。以往的单向灌输式的所谓交流，为什么效果不佳？就是缺少了现场互动，没有现场提问植入其中。现场的即兴提问，即兴回答，都是活跃气氛的重要因子。

案例中，不论是既定的交流还是即兴的现场答问，都有问有答，还有现场展示，氛围就更加浓厚了。这样就可以立即调动学生的学习兴趣，所以，就有学生当场表示要好好学习他人经验，努力学习。最为可贵之处在于调动了学生学科学习的积极性，激发了他们的学习兴趣。这点对学生的学习来说，尤为重要，尤为可贵。兴趣是学习的各因素中最为重要的。任何一项学习，有了兴趣，就有了动力。况且，这里的兴趣，是对学习对象、学习内容本身的兴趣，这就更加可贵了。一些学生当场表示要把刚学到的经验，运用到学习中去。解答者的现场展示，这也是不可忽视的因素。仅有口头的解答，虽然印象深刻，也简洁明了，但总不如现场展示生动、具体、形象。现场展示，就连细节也一并展示在所有同学面前，这可以加深印象，增强其仿效性。所以，在看到他们的现场展示之后，立即就有同学摩拳擦掌，表示要用实际行动来学习。

学习经验交流让学生沉浸在分享之中，沉浸在对榜样的学习过程的仿效冲动之中。这样看来，学生学习兴趣的激发，有时候并不需要花费多大的精力，只需要稍微的改变即可。我只是在一般的经验介绍之中植入了现场提问与现场展示两个因素，就让现场活跃起来了，就让学生的大脑活跃起来了。

我让学生当老师

让学生当老师,就是让学生扮演老师的角色,行使老师在课堂上所行使的权利。这也是一种赋权行为。

让学生当老师,去行使老师的权利,对学生而言既是一种新的体验,也是一种新的考验,考验着他们的智慧,考验着他们的能力。同时,更是一种锻炼,一种综合能力的训练。

高度重视,认真对待,是扮演好新角色的基本态度。学生把自己所扮演的新角色当作锻炼自己的极好机会,他自然就会从内心世界重视起来,自然也就会认真负责地对待,会为之付出巨大的心血。

这里所说的当老师,指的是让学生当课堂上的老师,也就是让学生替代老师去上课,当一名小先生。

"小先生制"是著名教育家陶行知先生当年所实施的一种教育教学组织形式,采取小孩教小孩、小孩教大人的方式进行教育普及。它主要运用于成人扫盲教育中。

"小先生制"应用于基础教育中,不是什么新鲜事,很多老师可能都尝试过。例如小组学习中那位成绩最好的,总要承担着辅导他人的学习任务。这样就是一般意义上的当老师。

这里仅例举语文课上学生当老师。

我采用学生自告奋勇的方式,学生愿意与否,取决于他们本人,全凭自愿。

以一个课题为单位,学生自愿选择。或是一篇课文的教学,或者一篇作文的教学,或者一个知识点的教学,或者一次综合性学习训练,或者识字写字的教学,由他们自己选定,让学生享有充分的自由与权利。

学生也很聪明,他们在选择教学内容时,大多选择一些内容比较简短的课文进行阅读教学。所选的一般都是简短的文言文。我估计,在学生的心目中,文言文虽然枯燥,但毕竟内容实在,有东西可讲授。我原先就让一些同学购买了《古汉语常用字字典》这一工具书,在学习文言文时,就完全可以发挥作用。而且,对学生而言,这样的工具书,基本可以解决文字疏通的问题。课文的教学,最大的障碍是课文背景的了解与内容的解读。但现在网络发达,他们可以通过网络查询予以解决。也就是说,课文阅读之所以成为学生们的首选,资源的充足是主要原因。文言文离现在时间久远,有东西可讲,则是另一原因。学生对文言文本身以及背景了解不多,上课者就存在着巨大的发挥、讲授的空间。作文教学,则无人选择。作文这种纯粹主观性的教学内容,对学生来说,是严峻的考验,考验着他们的实际水平,考验着他们自己的作文能力。所以,他们选择了回避。

一篇课文的教学,课文不论长短,教学的每个环节都必须具体,从备课到练习的辅导与讲评,组成一段新奇的语文学习旅程。

《孙权劝学》,全文才145个字,非常短小。有学生就选了这一篇课文。这是司马光《资治通鉴》中的一个片段。教学约需一个课时。

学生的上课流程:板书课题—解释课题—文字疏通—重点探讨。

学生毕竟是学生,虽然没有知识性错误,但缺陷也是客观存在的:离不开备课本。

让学生上课是很多人都已经实施过的赋权措施,这里为什么继续实施?

时代不同,有必要继续尝试。今天的学生不同于以往的学生,他们在整体素质上要超越过去的学生。如果说原先的此类赋权行为可能会让学生感到为难,今天的学生则会感到高兴。他们高兴的是,自己又拥有了施展才能的新天地。从实践过程来看,也确实如此。全班80%的学生都做出了自己的选择,都希望参与。

今天是个信息社会,随着互联网的日益普及,获取信息的手段与方式日益丰富,每一个人都可以很容易地得到信息。学生试教文言文,网络上的相关资料不可胜数，随时可以得到一大摞。现在的学生试教文言文，条件更加优越。这对学生获取与甄别信息的能力，是一个挑战。对学生而言，一次上课的过程，就是一次能力的训练过程。

　　学生不同，也有必要尝试。现在的学生，不论胆量还是基本素养，都超越了以前的学生。大多数学生在上课时，都不会感到拘谨。他们落落大方，与以往学生那种扭捏、拘谨的状态相比，可以说大不相同。参与的人数也是以往不可比拟的。以往的讲台，只不过是班上几个尖子学生的舞台，只有几个学生参与，大多数学生只不过是观众，是看客。现在，大多数学生参与热情空前高涨。这也说明，放权本身对了路，正合了学生的心意，满足了他们的表现欲。就大多数学生而言，虽然开始时稍显紧张，几分钟之后就回到了自然状态。

　　老师这一角色，责任不止于上课，还包括其他工作，比如班主任工作、学生的思想教育工作等。让学生当老师，还可以让学生当班主任。我们不妨大胆进行尝试。

每周一节课自主学习

《基础教育课程改革纲要（试行）》在论及基础教育课程改革的具体目标时指出："改变课程实施过于强调接受学习、死记硬背、机械的现状，倡导学生主动参与、乐于探究、勤于动手，培养学生搜集和处理信息的能力、获取新知识的能力、分析和解决问题的能力以及交流与合作的能力。"自主、合作、探究是新课程所倡导的学习方式，自主学习被作为重要的学习方式。

平时的教学中，主要是教师主导学习，学生自主学习的空间虽然存在，但是不够大，有局限，受到过多约束。比如在语文教学中，阅读课上教师让学生阅读课文，就自己所感兴趣的部分，画横线，做批注，谈感悟。这虽然也是学生自主学习，但毕竟只是局部的，不是全局性的，给予学生的自主空间仍然十分有限，仍然属于戴着镣铐跳舞，学生仍然感受到了拘束。如果完全把学什么、怎样学、学到什么程度、怎样评价等权利全部放给学生，将会怎么样？会是一种怎样的学习情境？

在我的语文教学中，曾经进行过每周一节自主学习课的探索。

学什么，由学生们自己确定。很明显，学生一般是不会选择课本内容的。他们所选的一般都是课外内容，如选择阅读文学名著。当然，一般都是在课前早就选择好了的，这样就不至于课堂上临时匆忙做出选择，显得手忙脚乱，耽误时间。例如选择了课外阅读，就必须在上课前选择妥当，并在上课前到学校图书馆借好书，否则，就缺乏可读之书。一次，他们在选择了文学阅读这一内容时，就在课前准备了《儒林外史》《百万英镑》《微型小说》等书籍。

怎样学，老师不参与决定。是合作学习还是个人独立学习？课外阅读，一般选择的是个人独立阅读。其他内容的学习，则可能是合作完成。例如，学生曾经进行过一项社会调查，他们所选择的学习方式就是合作进行。他们懂得，一个人进行调查，肯定不如集体合作。学校旁边是一庙宇，每年的社戏都很受欢迎，有时候演戏，一演就是40多天。它的秘密到底在哪里？有学生问过我，我没有正面作答，而是建议他们组织同学进行调查、采访。后来，他们真的用了一节课的时间，到庙宇中采访相关人士，并写出了相关的文字，分析介绍了秘密所在。文字虽显稚嫩，但把问题的秘密揭开了。

学到哪种程度，学生自我决定。学生的自主学习，到底应该掌握什么？有什么收获？书籍阅读到底读到哪里，读到哪种程度才算读了？例如读《三国演义》，读到哪种程度为止？课堂只有45分钟，一本书可能是几万字乃至几十万字，这个时候老师的指导就显得必要了。我提醒他们进行篇章阅读。自己选择一篇文章或者一个章节进行阅读，阅读后进行思考，用自己的话简单概括主要内容，或者写出自己感悟最深刻的文字，都不能少于200字。这算是给他们一点压力。否则，对于那些未成年的学生而言，就很有可能把这样的课堂当作消遣，当作混日子的方式。有了那200字的压力，迫使他们认真阅读，认真思考，认真写作。

这样的压力并不违背自主学习的原则。学生毕竟是未成年人，适当的压力面前，他们才会有努力向前的动力，否则，就很容易变成放羊式的教学，学生学无所得，白白浪费了宝贵的学习时间。

学生自己评价学习效果。自主学习也需要讲究效果。只问耕耘不问收获，是一种不负责任的做法。虽然语文学习的实际效果，不可能像其他学科的学习那样，可以立竿见影，而是一个典型的慢的过程，但也不能因为慢，就放弃阶段性的检验，否则，容易被钻了空子。效果的检验方式，也是学生自己决定的，要么讲述自己的收获，要么读一下自己所撰写的文字。当然也可以利用班上的黑板报，对自己的学习成果进行展示。

从根本上说，赋权也就是还权，还权于学生，把本来就属于学生的权利还给学生。

既然把权利还给了学生，就应该实实在在地给学生，名副其实地给学生，不应该挂羊头卖狗肉。每周一节自主学习课，应该说是少了，而不是多了，否则，就是虚假放权。

每周一节课自主学习，学生非常欢迎。中学时代，正是学生朝气蓬勃的时候，他们对世界有着无限的激情，无限的希望，学校教育在给他们灌输科学文化知识的同时，也应该给予他们自我发展的机会和空间，使他们的天赋得以在课程学习之余得到充分的发展与展示，否则，学生的个性发展就可能成为空话。自主学习课，不必强求全班统一学习一个内容，要让每个学生都有充分的时间与空间来满足自身学习的需要，如学习礼仪，学习书法，学习辩论，学习地方文化知识，乃至学习唱戏等，让自由自觉的学习成为学生学习的常态。

新课程所倡导的自主学习，绝不仅仅是对既定课程的学习，应该包括自选课程、自定目标、自定学习进程等内涵，我们应该立足于学生的发展需要这个基点，而不是立足于课程学习任务这个目的。

自主学习的内容是广泛的，就课程来说，除了国家课程的学习，还有地方课程的学习、校本课程的学习、班本课程的学习。只要教师引导得法，可作为课程来学习的对象很多。

有位学生，他的家乡近两年被建设成为旅游村，且就在学校附近，15分钟路程。在上课前，大家已经决定去她那里旅游，她当免费导游。一路上，大家有说有笑，非常高兴。在每个景点，大家认真倾听同学的讲解。几天后，很多同学都撰写了游记，在全班交流。

作为班主任也好，作为语文老师也罢，让学生自主学习，使学生在充分享受自主带来的学习快乐的同时，也得到各方面的实践锻炼，符合学校教育的根本目的。

第六章 巧用心理学知识激励

学生有与那个年龄段相适应的心理特征、心理需求，他们需要什么，他们在不同阶段的心理状态，都是教育引领学生健康成长时需要关注并利用的。教师因势利导，看准时机，根据学生心理的具体特点，采取相应的措施，就能取得意想不到的效果。

了解并懂得学生的心理，是教师工作的重要内容。蛮干，或与学生对着干，学生虽然会在短时间内表面上屈服于你，但他们在心底里，是不会把你的话、行为放在眼里的。一段时间以后，他们就可能像弹簧一样，弹回到原先的状态，教育效果几乎为零。

心理学是教育的基础科学，一般而言，教育教学的实施就是在心理学原理的指引下进行的。教育教学一刻也离不开心理学。

什么时候，采取什么措施教育效果最好？这是很多一线教师都在关注与思考的问题。本章并不是成系统地从心理学视角介绍怎样教育学生效果才最优，而是针对学生的心理特点提供一些有效教育引导的实用策略。

积极观念让学生拥有幸福感

　　学生生活在社会中，生活在同学中，很容易与他人进行比较。而在人的身上，存在着这样一种心理：比较的时候，更多看到的是自己的弱点，自身的不足。比如身高不如人，外貌不如人，家境不如人，父母亲的工作不如人……一个非常自然的结果就是，万事不如人。别人能做到的，我不一定能够做得到。别人学习成绩好，那是因为人家脑子聪明，自己的脑子笨，成绩就差，不是学习的料……可以说，一些学生长期生活在消极情绪的支配下。所以有人说，一些学生不是被学习打垮的，而是被自己打垮的。

　　这种自我打击、自我否定的态度，就是消极心理。而一个生活在阴影里的学生，是不可能拥有健康的心态、上进的精神的。

　　拥有阳光般的心态，用一种积极的心态去对待生活，去认真学习，就显得尤为必要。

　　这里需要特别指出的是，要使学生拥有阳光心态，积极面对生活，积极面对学习，教师就要拥有积极的心态，用积极的心态去对待学生，看到学生的优点，帮助他们树立自信心。这样，学生才会用积极的眼光看待自己，用积极的心态面对生活和学习。教师如果总是抱着消极的态度看待学生，学生就会被看扁，就会常常遭受打击，他们就会生活在暗淡之中。

　　小李的父母亲是残疾人，父亲视力差，母亲腿残疾，家境贫穷是基本特征。他生活在这样的家庭，自然没有什么优势。于是，他觉得自己缺乏可以与班上其他同学相比较的优势，比较消极。有时候，看到父母亲来了，他能躲则躲，实在躲不开，就匆忙接触，匆忙离开。他甚至连正眼看一眼父母亲都难得做到。特别是上课时，父母亲的到来，更让他感到尴尬。此时，脸红是他常有的表现。

很显然，他因自己的父母亲而感到羞愧，因自己的家庭而难为情。因此他一直都比较消极，大家很少看到他脸上的笑容。

小李的这些表现，我一直看在眼里，记在心里，一直在寻找机会与他交流，给他提醒，给他鼓励。

一天，他上课时，母亲来了。回教室时，他满脸通红。下课时，我让他来我办公室。

他一来，我就直接告诉他：家庭是无法选择的，父母亲也是无法选择的，大可不必为此而羞愧，而难过。你作为学生，与别人比，这是不错的。但要看比什么。学生的最大任务就是学习，要比就比学习，看谁在班上，乃至在年级里成绩最好。他只是点了点头，说了句："老师，我懂了。"

此后，他逐渐变了个人似的，同学再也看不到他脸上的消极情绪了，整天阳光灿烂，各方面都有了进步。父母亲来了，他不再躲躲闪闪，而是大大方方地接触。

积极与消极，两种不同心态，给人的影响截然不同。两种不同的心态，让小李体验到了两种人生与学习的态度。

谁都想拥有良好的家庭，父母亲社会地位高，经济状况良好。这是很多人的理想。但是，理想归理想，现实归现实。现实中的一些家庭总不那么让人满意。于是，一些学生就垂头丧气，消极对待自己，对待学习。小李便是。

没有优势要找优势，找不到优势就创造优势。像小李，在短时间内难以找到优势的时候，就要让他自己创造优势——优秀的学习成绩。这也是足以让人心生羡慕，足以让人骄傲的优势。现实生活中，就存在着这样的现象：因为孩子学习成绩好，一家人抬头挺胸做人。

有位老太太，她有两个女儿，大女儿卖布鞋，二女儿卖伞。老太太整天为两个女儿发愁。天下雨了，她为大女儿的布鞋卖不出去发愁；天一放晴，她为二女儿的雨伞卖不出去发愁。老太太天天不高兴。一位邻居告诉她：天一下雨，就为二女儿高兴，雨伞更好卖了；天一放晴，就为大女儿高兴，布鞋更好卖了。从此，老太太天天快乐。

换一种思路，心情就不同了。

引导学生换一种思路来思考同一个问题，眼前就会出现一片新天地。在小李看不到光明的消极时刻，老师的引导就显得极为必要。

长期生活在消极情绪中的人，看不到人生的光明，看不到希望的原野。展现在他们眼前的，都是阴暗，都是丧气。处在朝气蓬勃时期的青少年，本应该眼光灿烂，充满朝气。

明因为刚进中学后的几次考试成绩不理想而懊恼，而消沉。

在小学，明是班上也是学校的"王子"：因学习成绩好，常常受到老师的表扬，在同学中有着不一般的地位。因此，他天天都笑意写在脸上。但是进了中学之后，他却显得有点消极，经常一个人独来独往，很少与同学交往交流，学习成绩也一直徘徊不前，保持在60分上下。

我把明叫来，与他交谈。他告诉我：到了中学之后，他觉得自己看不到读书的希望了。反正看不到希望，就混混日子过吧，混到毕业就算了，就可以出去打工了。我告诉他：就是毕业了，也不可能出去打工，因为还未成年，工厂招收了，属于童工，是犯法的事。哪家工厂都不敢要。现在学习成绩不理想，不是因为你笨，不是因为你缺乏能力，而是因为你不适应中学的学习。中学的学习与小学时不同，学习上要求更高，你完全用小学的那一套学习方法来学习中学的学科，不管用。中学的学习，更多的是靠自己的自觉，自己的努力。中学的学习内容，在难度上也要超过小学。所以，不要用小学的眼光来看中学，也不要用小学的那一套思路来琢磨中学的学习。小学时对老师的依赖性强，很多情况下都是依赖于老师。中学则不同，更多的是依靠自己的努力。希望你走出当前的阴影，与同学融合在一起，力争在期末考试中进入班上前5名。要相信你的能力，你是完全有希望的。千万不要因为几次考试成绩不理想就意志消沉。

我的一席话，我殷切的期望，他领会到了。他从此对自己有了信心，连走路的样子都变了。后来的情况就比较乐观了，成绩自然也上去了。

明的情况，具有一定的代表性、普遍性。很多同学在原来的学校，是老师和学校的榜样，老师和学校都护着他。但是，到了更高一级的学校后，原先的优势可能就不存在了。对未成年的孩子来说，一下子接受不了这样的现实，因此变得消极，不上进。这个时候，最需要老师的鼓劲。如果让他一直消沉下去，他就可能真的断送了自己的美好前程。称职的老师，这个时候应该伸出援助之手，去拉他一把，甚至推他一把。

积极的心态，往往是人生幸福、走向成功的重要因素。一定程度上可以说，拥有什么样的心态，就会拥有什么样的人生。

孩子拥有的心态很重要，将直接影响到孩子的一生。明的心态如果没有得到改变，也将会影响到他的整个学习与人生。

美国成功学学者拿破仑·希尔有一段话说得特别好："人与人之间只有很小的差异，但是这种很小的差异却造成了巨大的差异。很小的差异就是所具备的心态是积极的还是消极的，巨大的差异就是成功和失败。"

根据门槛效应制定合理的学习目标

1966年,美国一些心理学家进行过一个实验,他们派人随机访问了一些家庭主妇,需要那些家庭主妇将一个小招牌挂在家里的窗户上,她们很高兴地答应了。一段时间之后,他们又要求那些家庭主妇把一个又大又难看的招牌放在自己的庭院里。此时,一半多家庭主妇同意了。同时,他们也随机访问了另一些家庭主妇,直接提出将一个又大又难看的招牌放在自家庭院里,结果只有不到20%的家庭主妇答应了。

还有实验者分别到两个居民区,劝那些居民在自家房前竖一块大标语牌,上面写有"小心驾驶"。在第一个居民区,遭到大多数居民的拒绝,仅有17%的居民接受。在第二个居民区,他们先请求居民们在一份赞成安全行驶的请愿书上签字,所有的被要求者都签字了。一段时间后,向他们提出竖标语牌的要求,接受者竟占55%,大多数居民同意了。

这就是门槛效应。

学生工作,也可以借鉴这个原理。如对一些学困生,老师不宜一下子对他们提出太高的要求,应该先提出一个比过去小有进步的要求,当学生达到这个小要求之后,再逐步提出更高的要求。这样,学生反而更容易接受并努力达到。

以下就是一个学困生转变的例子:

他是一位懒得出奇的男生。懒到什么程度?字都懒得写。在他的所有书本、作业本上,难得见到写几个字,甚至连自己的名字都不写。至于作业,基本不做。即使强迫他做,也不过是龙飞凤舞似的完成任务而已,很难见到一笔一画写出来的字。可以想见,他的学习成绩该有多差。读书学习，不论哪门课程，不写字是绝对学不好的。缺乏练习，学习内容不可能得以消化，更不可能得到巩固。

要改变他，非得从养成勤快的习惯做起。好在他家住在离学校很近的地方。我与他约定，每天早跑前，强迫自己起床。那时候，我有早跑的习惯，每天天刚蒙蒙亮就起床出去跑步。这孩子除了懒，没其他毛病。我还要求他把自己房间的钥匙给我，万一他起不了床，便于我早上叫他起床。他照办了。

于是，我去跑步时，就把他叫起来，我俩一起跑。尽管这中间有一些反复，他基本上都做到了。他不再睡懒觉了。我趁机对他提出了学习上的要求：做练习。并非要求他与班上其他同学那样全做，只需要做三分之一。各科都一样。这点要求他答应了，而且也做到了。一个学期后，我要求他做练习的三分之二，他欣然答应了。又一段时间后，则要求他与其他同学一样，不得搞特殊化。我还告诉他，班上没有特殊公民，大家一律平等，要求也一律平等，他就有点不乐意了。此时，我看火候已到，把他家长请到学校，与他家长商量此事。不用说，家长十分赞成。商量时，他始终在场。他虽然不情愿，但毕竟家长也在场，他也不好拒绝。此后的时间里，他虽然也有过反复，但都能勉强做到。随着时间的推移，他做得越来越好。目标达到了！

一步一个台阶，虽然过程有点复杂，但他毕竟改变了。学习本来是学生自己的事情，但因为他们是未成年人，还需要老师的教育与引导。转变此类学生，一定先要找到问题的根源。他之所以连字都不写，根子就在于懒惰，正是懒惰让他对学习上的事情，一点儿都不上心。可想而知，任何一门学科的学习，懒惰者是不可能有所收获的。而要让他变得勤快，并不是一件容易的事情，因为从根本上说，懒惰的日子比较舒适、恬静。尤其是对青少年这个衣食无忧的群体而言，坐在教室里，大脑不需要思考任何问题，无忧无虑无烦恼。而勤奋，虽然有收获，毕竟劳神费力。一些胸无大志的学生，宁愿选择懒惰。所以，懒惰者要变得勤快，是比较艰难的，需要一个过程。我早上带他去早跑，他有时懒得去，是我把他从床上拉起来。他虽然对我有怨言，但无可奈何，毕竟老师是为了他好。有时，跑步不卖力，出工不出力，但经过一段时间的磨炼，他毕竟改了，变得勤快了。

他变勤快了，就有了进一步引领的基础。下面的分步走就得设置一个一个门槛，或者一个一个台阶了。三个门槛，一个门槛一个门槛跨过去，其间也遇到了一些难处理的事情。如果老师本来就布置了一道作业题，怎样处理？如果布置了两道呢？如果布置的是一篇作文，该怎么处置？我们不要忘记，让他做练习，最初的目的只在于让他变得勤快，变得在乎学习，而不在于通过做作业让他学到多少知识，培养什么能力。根据这一宗旨，还是可以按照当初的约定实行。一篇600字的作文，他只要写200字就可以了。老师只布置了一道作业题，他只要抄写一下题目就行了，但必须认真写好字，否则重抄。布置了两道作业题，他也只要抄写两道作业的题目就可以。这个时候，老师如果说话不算话，强迫他写完整的作文，做完整的一道题，或者两道题做其中一道，就可能引起他的反感，他就可能懒得去踏门槛了。小心呵护这来之不易的成果，是很重要的，否则，就可能前功尽弃。

此类学生比较多。我还遇到过一位学生，语文作业从来就不做。我也是一步一步让他登上门槛，他才愿意动手写的。

怎样引导学生提高学习成绩，是很多一线教师经常会琢磨的问题。目标过高，愿望虽然美好，却往往让学生望而却步，止步不敢前。我们总是与家长一起，给学生提出过高的要求，什么期末考试要考到班上前几名，什么多少天之内必须学好某一门功课……这样的要求，不是过高，就是过急，让学生感到难以企及，还不如放弃。

对中学生而言，英语成绩不理想是常见的现象。怎样帮助学生学好英语，提高英语成绩，是很多一线英语教师很头疼的问题。实际上，他们英语成绩不理想的最主要原因就在于不愿意花时间去背单词。一些男生从初一开始，基本上放弃了英语学习。他们把记单词当作是苦差事。

针对这种情况，我与任课教师一起，想办法帮助他们学好英语。首先要破除他们心理上的畏难情绪。要达到这一目的，单纯讲道理基本上不管用。因为他们并非不懂道理，而是惧怕单词太多，太难记。从初一开始，我就以自己当年学英语的经验与他们交流，告诉他们自己当年是怎样学好英语的，那些经验对他们有所帮助，甚至使他们有所触动。然后，再告诉他们记单词的方法，例如用汉字标注等，给他们实实在在的帮助，为他们减轻记忆的压力。

有一男生，初一时基本放弃了英语学习，老师怎样劝导都无动于衷。初二时突然醒悟，要学好英语。但是，基础太差，几乎从零开始学习。他找到了我，我与英语老师商量怎样帮助他。我们所确定的方案是：既然从零开始，就从26个字母开始，从记忆单词开始，在具体的学习目标上设定台阶式的分阶段目标。例如在初二上学期，复习初一时的内容，给他一个必须达到的分数。这意味着，他必须在初二的上学期，一边学习新课，一边复习初一的大部分学习内容。对他而言，压力特别大。好在他是"我要学"类型的，有着强烈的学习动机，可以通过自己的发奋努力，在老师的帮助下完成学习任务。这学期要求他的成绩，每次60分以上。这一要求看起来不高，但对他而言，并不低。每个月测验一次，每次60分以上，而他的基础，基本上是零，难度可想而知。因为学习的内容越来越多，每个月的难度实际上都在不断加大，越来越复杂，一个学期要学好一年的内容。从初二的下学期开始，主要以学习新课程内容为主，否则就难以跟上进程。但是，仍然需要去复习初一的内容，还要把没学完的初一内容继续完成，否则，也会影响初三的新课程学习及总复习。从初二下学期开始，就让他跟着班上的教学进度学习了。

他肯学、肯问，加上老师为他设计的一个一个上升的门槛，他在学习上看到了希望。初三总复习时，他的英语成绩能够考到70多分（百分制），有时候，还能考80多分。中考时，英语没有拖后腿，他终于考上了重点高中。

当学生在学习上需要老师帮助时，一定要给他们切实的帮助，而不是仅仅说几句鼓励的话，或者发一通牢骚。而且要更进一步，最好给他们制订一个具体的方案，使他们有明确的奋斗目标，又有具体的阶段目标，他们只要向着一个一个目标努力就可以了。

那位男生，忽然想起要学好英语，有着强烈的学习愿望，强大的学习动机。他所缺乏的是具体的引导，具体的帮助。老师除了给他以知识上的帮助外，为他设立阶段目标就显得尤为重要。而且，更进一步，有了阶段性目标后，还得让他进行测试，否则，他心里比较蒙，不明白自己到底学得如何。进行测试之后，他自己心里才有数，老师也才能了解他到底学得怎样，还存在哪些问题，需要怎样的帮助。一段时间后，又进行测试，检验他到底有多大的进步，还需要怎样的帮助。

　　班主任不是万金油，不可能哪一门课程都懂。但班主任可以与任课教师进行商量，制订切实可行的方案去帮助学生。相比任课教师，班主任所掌握的学生情况更多，也更全面，制订方案时，能够更有针对性。学生的学习成绩上去了，他们就会更自信，对班级管理是有帮助、有促进的。

根据瓦拉赫效应寻找学生智能发展的最佳点

瓦拉赫是诺贝尔化学奖获得者。他在刚上中学时，父母让他学好文学，将来走文学之路。一个学期下来，老师的评语是这样写的："瓦拉赫很用功，但过分拘泥。这样的人即使有着完美的品德，也决不可能在文字上发挥出来。"他只好改学了油画。可他不善于构图，也不会调色，且艺术理解力不强，成绩是全班倒数第一。老师给他的评语是："你是绘画艺术方面的不可造就之才。"面对这样的学生，化学老师却认为他做事认真，一丝不苟，而做好化学实验需要这样的品格，因此建议他学化学。这下，瓦拉赫智慧的火花被点着了，他的化学才能得到了充分的发挥，成了化学方面的高才生。

瓦拉赫的成功，昭示了一个这样的道理：学生的智能发展是不均衡的，都有智能的强项和弱项。他们一旦找到自己最佳点，潜力就会得到充分的发挥，取得惊人的成绩。这就是瓦拉赫效应。

还原瓦拉赫效应的来历，我们可以对这一效应认识、理解得更深刻。

小敏是一名严重偏科的学生。在他所有的学科学习中，只有语文才是他最喜欢的，而且有写作的特长。其他科目的成绩，能够及格就算不错了。当时，其他任课教师都认为他要考上高中，恐怕是没希望了。我却不这么认为，除了让他发挥语文，更确切地说是写作方面的特长之外，我还常常告诫他：一定要设法考上高中，到了高中就有更大的平台。他接受了我的建议。于是，我一边鼓励他参加全国写作竞赛，一边督促他学好各门课程。那一年，我组织班上学生参加由宋庆龄基金会组织的"人的价值"作文竞赛。他获得全国二等奖，还到北京人民大会堂领了奖，在学校产生了轰动效应。他自己以及他的家长，都非常高兴。从此，他对写作更加倾心，我看到苗头不对，反复提醒他注意各科平衡。在此后的学习中，我要求他各门功课，考试分数不得低于60分。他基本做到了。

中考后，他考上了高中。

在高中，他对写作仍然保持良好兴趣，参加了一些作文比赛，获了不少奖。当然，仍然是我替他修改的。

高中毕业时，他因写作特长，被保送进了某师范大学中文系学习。

小敏对语文之外的各科学习都兴趣不浓，也看不到有什么突出的能力。唯独写作可以调动他的学习积极性，让他在学习时能够找到自我，体验到学习带来的快乐。可以说，如果没有老师在写作上对他的欣赏，对他的鼓励，他很可能会失学。

小敏因为找到了他可以发挥特长的科目而精彩。这是值得关注的，也是需要思考的。

老师的责任在哪里？答案有多种。为学生找到智能发展适切的强项，是一项不可否认的工作。虽然说班主任要深入了解每一个学生，但毕竟不可能掌握学生每一门学科学习的具体情况，这就需要与任课教师多沟通，多向他们了解学生学科学习方面的情况，以便与任课教师一起，发现学生智能方面的特点，从而更好地教书育人。尤其是班上那些学习成绩一般，乃至较差的学生，他们身上可能存在着某一方面的智力潜能。

传统智力理论一般认为，人类的认知都是一元的，个体的智能也是单一的。而美国心理学家霍华德·加德纳则认为，人具备了语言智力、逻辑数学智力、音乐智力、空间智力、身体运动智力、人际关系智力、内省智力和自然智力。这就是多元智力理论。该理论认为，不存在单纯的某种智力和达到目标的唯一方法，每个人都会用自己的方式来发掘各自的大脑资源，这种为达到目的所发挥的各种个人才智才是真正的智力，造就了人与人之间的不同。

这就告诉我们，学生身上存在着智能潜力，但很有可能学生本人并不自知。作为老师，有责任去帮助学生发现他们自身的潜在能力，以使他们获得应有的发展。在当前的应试体制下，突出的是各科间的平衡，是各科的齐头并进。学生如果在某一科的学习中比较突出，其他科目一般，则被认为是偏科，被认为是与整个的教育体制的要求相背离。因此，一定会被强制要求学好各门功课。此种体制之下，学生的潜力就很容易被淹没，乃至被唾弃，至少在中小学是不受欢迎的。小敏如果没有遇到我，如果我没有珍视他的写作才能，他很有可能被淘汰，初中毕业后或者高中毕业后，只能加入到浩浩荡荡的打工者队伍中，不可能有今天的成就。

开展活动，能为学生施展才能搭建舞台。作为班主任，可以利用自己的有利条件，在班上多开展一些活动，使学生"英雄有用武之地"，有更多的机会充分展示才能，从而更好地得到培养与发展。例如开展征文活动、辩论赛、书法展示、专题讨论、演讲、表演、影视片段配音、作文竞赛、社会调查等活动。此类活动的开展，可以活跃学生的学习生活，可以让学生在活动中得到锻炼。

开展讲故事活动，是我的班级管理工作中的保留项目。

一位女生，学习成绩平平，在班上很不起眼，也没什么朋友。但是，讲起故事来，她却很有一套。她虽然声音不那么洪亮，但讲得绘声绘色，很有感染力。同学听了她讲的故事后，一个个伸出大拇指，直夸讲得好。她这才发现自己竟有讲故事的天赋，高兴极了。好在她的这一天赋，与她的学习成绩并不矛盾，完全可以兼顾，可以齐头并进。从此，她两头忙，一边认真学习文化课程，一边不放过任何讲故事的机会，努力训练自己的本领。后来，她以优异成绩考入重点高中，在大学学的是播音专业。大学毕业后，在一家地方电视台专门从事播音主持，负责讲故事栏目与儿童节目。如今，她的工作干得有声有色，风生水起。

一次普通的讲故事比赛，竟然可以让一位学生找到自己的人生发展方向。很多事情看似简单，甚至简单到会让人忽略，但正是这些简单的活动，为学生展示自己提供了重要的舞台，使学生发现了自己，认识了自己，从而发展了自己。

电视片段配音，这是一项学生特别感兴趣的活动，也是对学生进行综合语文训练的好方式。

我班的电视片段配音活动，主要进行现场配音。从网上下载一个视频编辑软件，对下载的视频进行剪辑，主要是把画面和声音分离，将原视里的说话声音剪切掉,再进行现场配音训练。活动中,尽量用同一段视频,班上有兴趣参与的同学自行找好自己的搭档,预先选好自己的对话主题,设计好对话,进行句子的反复斟酌。这其实就是一次语文综合训练,涉及想象、构思以及文字组合能力。这是一种类型。

第二种类型就是现场即兴配音。这是一种难度比较大的游戏,需要学生的现场快速应变能力、组织语言的能力等。

也可以进行一人单独配音。

这些活动,都可以使学生在尽情展示自己的才华时,发现自己的潜力。例如有位女生,在现场配音时,现场反应能力比较强。在发现她的这一特点后,我主动找到她,让她明白自己的潜力主要在哪里,为她此后的发展指出方向。该生在此后的学习中,特别注意自己这一方面特长的发挥。读大学时,她参加了学校的辩论赛,获得了优异的成绩。

活动中,她的才能得到充分表现,我发现后,为她指出,加深她对自我的印象,以便在学习中,多关注一下自我的发展,并努力为自己未来的发展奠定良好的基础。我告诉她,要发挥这方面的才能,需要有比较宽广的知识面,以及一定的逻辑知识,还要善于思考,认真辨析问题,发展自己的理性思维能力……

班级生活中,综合性的活动特别受学生欢迎。一次成功的活动需要做好充分的准备,需要花费一定的时间和精力。班主任要充分信任学生,放手发动学生,他们就会积极参与准备工作。只要老师布置下去,分工明确,学生们是不会让你一个人累着的。他们会主动与你接触,向你请教,与你交流,只有他们遇到困难时才需要你的帮助。一般情况下,不需要多干涉,多操心。

班主任还可以与任课教师合作,开展学科活动、班级活动。例如与英语老师合作开展英语书法竞赛、英语演讲比赛,与数学老师合作开展心算比赛,与物理、化学老师合作开展实验操作竞赛等。这些活动,都有助于学生能力的发展,更可以发现学生的特殊才能。

运用共生效应，让学生互帮互助

自然界存在着这样的现象：一株植物单独生长时，显得矮小，但与众多同类植物一起生长时，则根深叶茂，生机盎然。这种现象就是共生效应。

班级管理中，班主任应当充分利用共生效应，发挥优秀学生的模范带头作用，帮助学生建立互帮互助的学习"共生圈"。

孩子要在群体中生活，在与同龄人的接触与交往中，他们形成正常的社会心理，学会与人相处，掌握基本的社会规范，从而获得健康成长，获得心灵的发展。

学校教育中，为使学生更加健康地成长，教师应该为学生创造条件，让他们生长和生活在良好的氛围中，促使他们向着预定的目标前进。

开展小组合作学习，是应用共生效应的有效措施之一。

到底分多少个小组合适，需要考虑班级总人数，每个小组多少人，以及班上共有多少优秀学生、多少中等学生、多少学困生，从而灵活搭配。我班共54人，分8个小组，每个小组6～7人。每个小组好、中、差搭配，结构比较合理，对每一位学生的成长都比较有利。下面以第一小组为例，看看他们的合作情况。

这个小组6名学生的基本情况是：全班第一的种子选手，再加全班第10名，中等生两名，学困生两名。这个小组比较典型。平时仍然按照老师上课时的位置坐。但上自习课时，则按照小组围坐在一起，便于学习、讨论和相互帮扶。

他们每个人的体会如下：

生1：尽管在班上我学习好，但在小组内，不但自己要学习好，还需要帮扶其他几位同学。刚开始时，也不很适应，不知道如何下手。实践中，慢慢摸索。

我觉得，帮扶他人，有两方面。一是学习态度上的帮助。一些同学学习成绩不好，很重要的原因就是不认真。在我们小组，我认真做作业，认真思考，一丝不苟地对待。这本身就是最好的示范，几位同学也都看在眼里。二是学习内容上给予实实在在的帮助。帮助他们解答学习上的难题，例如数学学习中怎样解题，语文学习中怎么书写端正，英语学习中怎样记单词等。

在小组里，帮助别人，自己也在进步，学习更认真了，否则，就不可能成为别人的表率。有时候，虽然有点累，但对自己、对同学都有益。

生2：我学习差，表现也不怎么样。老师把我分在这个小组，是希望我在这里能够得到更多帮助，取得更大进步。确实，同学们非常关心我，他们指导我怎样做练习，告诉我怎样做笔记。而且，还把自己上课做的笔记拿给我看，给我复习时用。与他们在一起学习，我才真正发现了自己与他们的差距在哪里：差就差在不认真上。在他们的影响和帮助下，我不但发现了自己差的原因，我还懂得了怎样与别人和睦相处。

生3：小组是帮助我进步的地方。在这个小组，我感觉自己受其他同学的影响比较大。原先，上课时自由散漫，一点也不认真。现在比原先好一些。我还希望有更多、更大的进步。以前我写作文，基本上拿起本子就写，而且是在快要交作文时才动笔，纯粹是为了完成任务，一点也没有要写好的打算。现在我至少会去认真思考一番才动笔，而且能够写到300字以上。我认为我是在进步的。

生4：我的成绩在班上属于中游。要帮助别人，有时候还有点困难。但我有了向别人学习的机会。最好的同学就在我身边，我不向他学习向谁学习？不及时向他学习，什么时候向他学习？

处在中间水平，既可以向别人学习，也可以帮助别人。帮助别人时，对自己也是一种促进作用。当然，向别人学习就更是学习了。学习不仅限于文化，还包括其他方面，如在学校的表现等。

生5：学会与别人相处，这也是学习。我性格比较孤僻，原先不太喜欢与别人打交道，尤其是在学习上。现在，小组里只有那么几个人，你不说话，不行。有问题总得问别人吧。不问，人家怎么知道我懂了没懂？与大家在一起学习的时间多了，就比较熟了，我也喜欢和他们在一起了。

生6：我这么想，老师把我们6个人分在一个小组，就是希望我们成为一个学习小组，进步小组。要不，老师为什么要这么做？小学二年级的时候，老师也把我们分成很多个小组，大家在一起学习，一起聊天，感觉挺好的。现在，老师又把我们分成了一个个小组，我们已经是中学生了，更应该懂得珍惜，珍惜我们在一起的时光。那一次，我问作业，他们一下子就让我把问题搞清楚了，这不是很好吗？为了帮助我，组里的其他同学花了不少时间，我很感谢他们。没有他们的帮助，就没有我的进步。

今后，我要加倍努力学习。

……

从他们的日记可以看出，他们的进步是可以看得见的。这不是理想而是现实。

"蓬生麻中，不扶自直。"这是一种理想，但这一理想要成为现实，必须有好的"麻"，否则，"蓬"是很难"直"的。"近朱者赤，近墨者黑。"这里的"朱"和"墨"的影响，也不是自动发生的。总之，它们所强调的都是一种自然的影响，而不是相互作用的结果。共生，强调的是一种相互之间的影响与作用，谁都在影响他人，谁都在接受别人的影响。这才是共生，即大家都是主动者。

"金无足赤，人无完人。"哪怕是学习成绩再好的学生，在他人看来，照样存在着缺点与不足。这就需要他人的支持，他人的影响。小组里那位成绩最好的学生，也承认了这一点，他认为自己在组里也受到了别人好的影响，得到了进步。这是好事。

比较差的两位，承认了自己与他人的差距，也承认了在获得别人的帮助之后，自己所获得的进步。而且，这一进步不仅仅体现在学习上，还有其他方面的，比如更合群了，性格不孤僻了。这都属于获得感。也正是因为获得了这样的进步,他们才愿意继续在小组内坚持下去。

当然,人与人在一起,交流碰撞,相互对话,相互作用,相互影响,到底谁影响谁多一些,谁作用于谁多一些,不容易说得清。说得请,说明简单,所受影响有限;说不清,才深刻,才正常。

还有一些兴趣小组,他们相互之间的影响就更大。我曾经把喜欢阅读的同学组织在一起,组成阅读小组。其他还有篮球小组、足球小组、写作小组等。

相同的兴趣把他们结合在一起,共同的话语让他们经常在一起交流、切磋,从而共同提高。阅读小组、篮球小组、足球小组,人数最多,组织活动也更频繁。

阅读小组所读之书,都是从学校阅览室借来的。他们每周交流一次阅读经验。地点就在学校阅览室。他们各自交流自己的阅读所得,大家相互启发,相互学习。有时,他们就书中的同一内容进行交流,各自交流自己的阅读体会。例如阅读《三国演义》,对诸葛亮这个人物的真假问题展开了争论。有同学认为,诸葛亮聪明得近乎神仙,人是不可能聪明到那种程度的。有人认为,那毕竟是小说,是文学作品,允许虚构,所以不必当真,不要把小说中的人物当作是现实中的真实存在。

他们所读,大多都是语文课本所推荐的名著。《鲁滨孙漂流记》《格列佛游记》《海底两万里》等,都是他们喜欢阅读的作品。

撰写读书心得,也是他们阅读的收获之一。他们撰写的文字,虽然并没有我们想象的那么高大上,那么高水平,但毕竟是他们自己思考的结晶。他们的阅读心得,我有时也收上来阅读一番。他们所存在的问题,我会帮他们指出来。对他们而言,这是必要的帮助。有的时候,我与他们共读,与他们交流,与他们共写。我还把自己所写的心得读给他们听。阅读中,生生共成长,师生共成长。

老师的直接参与,对学生而言,是莫大的激励与帮助。我是个书迷,比学生还更喜爱阅读。可以说,我的课余时间,基本上都是在阅读中度过的。虽然在大多数情况下,我与学生所读的书不相同,但我在阅读这件事本身,就足以让学生跟进,足以给学生以鼓舞。试想,一个喜欢阅读的学生，哪会不喜欢热爱阅读的老师？有时我会与他们共读同一本书籍，参与他们的阅读交流活动，与他们交流自己的心得体会。

有点遗憾的是，我不是篮球与足球的爱好者，否则，我也会参与他们的活动，与他们一道驰骋球场。

兴趣小组由兴趣走到了一起，他们的共同语言多，共同进步的可能性更大。

当然，兴趣小组也容易导致偏离正常轨道，耽误学习，老师需要好好为他们把脉，适当进行掌控，否则就会走向反面，影响学习。

利用鲶鱼效应,激活班级活力

沙丁鱼在被捕捞后,假如缺乏刺激和活动,很快就会死去。一位挪威渔民,他每次从海上捕鱼归来时,为了不让鱼在途中死去,都会在鱼舱里放几条鲶鱼,以挑起鲶鱼与沙丁鱼之间的摩擦和争端。他这样做,竟然使大量的沙丁鱼因此而不断游动,结果避免了沙丁鱼因窒息而死亡,保证它们活蹦乱跳地抵达港口。这就是人们所说的鲶鱼效应。

鲶鱼效应给人们深刻的启示:处在适度的紧张中能更好地发挥能力;充分利用好身边的鲶鱼,充分发挥他们的作用。班级中存在一些学习成绩一般,但能量大,很活跃,有一定号召力的学生,在一定程度上,他们影响着班上的纪律和学习。如果把这些人提拔到适当的班干部岗位,就能够产生鲶鱼效应,班级活动就容易开展,班集体建设也更为顺利。

班级管理中,选择什么样的人担任班干部,始终是班主任工作的重要内容。当过班主任的老师一定有这样的体会:选好了班干部,自己的事情就少了很多。如果班干部没选好,班主任累死累活都枉然。而且,学生还不会同情。选好了班干部,就是选好了班级管理的真正主人公,他们愿意为班级奉献自己的智慧和汗水。

1. "菜鸟"当班长

曾经带过这样一个班级:班干部虽然认真负责,但总觉得他们比较拘谨,不敢放开手脚大干。很多工作都推行不了,一些问题总解决不了。班级工作再推也枉然,没有什么起色,死水一潭。

问题到底出在哪儿？经过一番调查，我发现，班上的一位男生使他们不敢放开手脚。

这位男生个子最大，学习成绩还好，在学生中影响大，很多学生都喜欢听他的话。但他的确不那么守纪律，违纪次数比较多。

面对这样一位问题多，让人喜忧参半的学生，到底该怎样处置？一个大胆的想法在我大脑中诞生：当一班之长。可是，任用他，还必须现任班长愿意。我只好抱着试试看的态度，去跟现任班长商量。商量的结果是：班长很痛快就答应了。于是，我把这个消息告诉了他。他的反应很平静，但我看得出，他的内心是很高兴的。

几天后，他走马上任了。

此后，班上被管理得井井有条，充满活力，用不着我操心。

更为重要的是，他变了，他不再像原先那样经常违反纪律了。可能是自己当了班长，要成为全班同学的表率的原因吧。

一盘棋活了。他果然是块当班长的料。

以传统眼光来看，此类学生连合格都难以说得上，更不用说当班长了。一班之长，必须慎重选择好。但有那么一句话："垃圾是放错了位置的资源。"垃圾是相对于有用资源而言的。但是垃圾还是资源，某些情况下，只是评价标准不同罢了。垃圾只要分类了，用对了，就可以成为资源。案例中的那位学生，如果不换种眼光去看待，不把他放在班长的位置上，他可能就是班上的破坏性因素，而且，破坏的能力比较强，破坏的威力比较大。因为他有一定的号召力。他可能只要一句话，身后就有一大批人跟着。班主任的管理艺术，就在于把破坏性的力量转化为建设性的力量，让一些调皮捣蛋的学生为自己所用，并很好地转化他们。

任用此类学生，需要的不仅是观念，还有信任。任用他们，走的是一步险棋，走好了，满盘皆活；走不好，麻烦不断。当时，任用他，我是经过了一番琢磨的。好在我是本地人，对他的家庭了如指掌，且与他父母亲比较熟，比较了解。如果与他家长不很熟悉，也不要紧，可以与他家长沟通，取得他父母亲的理解。但话也说回来，只要是为了学生，家长肯定会支持的。实际上，家长巴不得老师在他们的孩子身上多花心思。

棋子，一步走对，步步皆顺。后来的事实证明，我的选择没有错。不但班级工作活了，他本人积极性也高涨，最终考入了重点高中。直到现在，他还与我保持着密切的联系，我们还经常走动。

2. 具体事务中委以"重任"

班级管理中，会遇到很多具体事务。此时，就可以在班上物色合适的人选，让其负责。

班上有位热爱美术的学生。平时，他总喜欢画几幅画，在班上拿给同学欣赏。我看在眼里，记在心里。他把自己的画拿给别人欣赏，就说明他想在同学面前展示。我也在为他寻找机会。不久，机会终于来了。学校要求各班必须在规定时间内出一期黑板报，时间比较紧。这时，我想到了他，他是最合适的人选。我把自己的想法告诉他，他很高兴地答应了。恰好，这一期板报正好轮到他所在的小组负责。我把组长叫来，告诉组长我把办板报的任务交给了他，由他负责，一切听从他的安排。

通过课余时间的紧张劳动，板报出好了。而且，在全校板报评比中拿了一等奖的第一名。班上所办的板报第一次获得第一名，全班高兴，他当然也高兴。

据小组同学事后反映，办板报的过程中，他承担了大部分事务。从版面设计到稿件摘编，从画面点缀到直接抄录，他都直接参与，且全部由他分配各块的任务，并督促任务的完成。

给了一个平台，特长得到发挥，他全身的每个细胞都活跃起来了。

每个班都有一些偏才、鬼才，他们的能量并不小，关键是要善于发现，更要善于任用、重用。用对了地方，就全盘皆活。

平常的学习中，他是个不起眼的角色。他只是一心一意地沉浸在他的绘画世界里，他的能耐没有被发现，他的特长得不到发挥。一旦被委以重任，他看到了自己被老师重视，他当然高兴，当然要崭露头角。他进行了一次创造性的劳动，为他自己创造了一个奇迹，也为班上创造了奇迹，为班上争了光。

他这条"鲶鱼",发了光,发了热。

以往,班上办板报,都是轮流,每小组一期。大家都把它看作任务,当作负担。每一次出板报,总是穷于应付,质量自然不很高。因为大家都抱着完成任务的心态,只要办完了,任务就完成了,至于质量的好坏,好像与他们没有直接关系。这一次,让他来领头,就完全不一样。他的积极参与,不仅仅是多了一份力量而已,而是激活了整个办报小组,让整个办报小组都有了新的能量。这就是他所激发出来的能量。由于他比较懂行,他直接深入地去细细斟酌,反复思考、比较、调整。他亲自策划、修改、调整整个方案,质量肯定比较高。而以往,基本上只是大家互相凑合,共同完成而已,缺乏了一个打磨的过程,所以,板报质量就存在着欠缺。

班级事务中,学校经常会布置一些临时性的任务,在很多情况下,一般都由班主任亲自布置与落实。实际上,都可以交给班上的一些能人去操办,并不需要班主任事必躬亲,只要用对了人就可以。

根据贝尔纳效应为学生发展奠基

英国著名学者贝尔纳刻苦勤奋，才思敏捷，在分子学、分子生物学等方面都有很高的成就。有人认为，假如他把毕生精力用来研究晶体学或生物化学，获诺贝尔奖的可能性很大。然而，他却心甘情愿地走了另一条路——提出了一个个富有开拓性的研究课题，为别人登上科学高峰指路。他的这些举动被人们称作"贝尔纳效应"。

贝尔纳那种万金油似的研究思路，虽然未能使自己获得震撼世界的大成就，但是，他却成了一些领域的开拓者、指引者，让更多的人在科学的道路上前行并取得了辉煌的成就。这其实与班主任或老师的角色特别相似，特别吻合。

中小学教师作为一线的教育者，不是某一领域的专家，而是某一学科的教学工作者，担负的是传授知识、引领做人的任务。他们不是知识的创造者，只是知识的传播者。更贴切地说，他们是实践家，不是理论家。而教师的实践，最主要的目的就是成就他人，让学生成为各方面的"专家"。

敏锐的头脑，敏捷的思维，善于发现的眼睛，这些都是一线班主任所应具备的基本素质。否则，难以担负起成就学生的重任。

数学老师在一次聊天时说过这么一种现象：班上的王敏上课时，算数算得特别快，基本上老师一说完，他就算出来了。我问：只是一两次还是长期如此？数学老师说：王敏的这种算数能力，一直都是这样。

我觉得这是一则非常有价值的信息。它至少告诉了我，王敏同学的心算能力比较强。一天下课后，我让王敏到我办公室来。

我对他说：我报几个数字给你算算，看看你能在多长时间内算出来。他点了点头。于是，我就随便报了几个数字让他算。没想到，他竟然算得非常快。他的表现让我惊讶。我想，我怎么才能帮助他，让他在这条路上走得更远？我教语文，对数学，我是外行。虽然在求学时代学过一些，但早就还给了数学老师。我只好再次与数学老师沟通，进一步了解他的数学学习情况。我了解到，他的数学并不是非常好，如果再努一把力，可能会有更出色的表现。

我又与数学老师商量，可否在心算方面，让他有点突破？可否替他买几本相关书籍，让他通过阅读，加速他的心算能力的发展，以促进他的数学学习能力的提高？

周末，我替他买来了几本心算方面的书籍，让他从头开始，慢慢熟悉心算的诀窍，再继续提升。

在我的悉心关怀与数学老师的辛勤指点下，他的数学学习能力有了较大提升，学习成绩也获得了很大提升。

作为班主任，虽然自己并非数学老师，但只要有一切为了学生的思想观念，也可以为学生的数学学习服务。

说者无心，听者有意。班主任如果心里时刻装着学生，心中的那根指针就会时刻指向学生，而不是自己个人的得与失，也就能够时时处处发现可以为学生发展服务的契机与资源。这就有点像作家创作时的灵感。你长时间关注着同一个问题，或者同一个问题的某一方面，在有外界触动的时候，思路就能贯通，长期思索的问题或问题的某一方面就可以与眼前的某一信息或物质产生联系，新的想法就产生了。一位班主任心里如果时刻装着要为学生的成长服务这一责任、任务，自然会找寻到更多有价值的机遇。

说白了，班主任的工作就是服务，就是为学生更好地成长服务。要有强烈的服务意识，才能发现对学生成长有价值的信息、资源等。"机遇青睐有准备的头脑。"只不过，这是为学生而准备的头脑，而不是为教师本人准备的头脑，是纯粹的"为他人作嫁衣裳"。数学老师的一席话，以及话中的相关信息，就是触发的机遇。如果没有我的服务意识，我为学生发展找路子的意识就不可能存在，也就难以产生两者的触碰。

这其实就是一个怎样为学生发展找到最佳点的问题。这不是一般的生活性质的服务，也不是一般的学习上的服务，而是为学生找到最有利于他发展的路子。

讲座是向学生传递知识、扩大视野的一种有效方式，为教育领域所广泛利用。向中学生开讲座，主要是向他们传播课程之外的知识，以开阔他们的见识，扩大他们的见闻。

我非常喜欢阅读，几十年的工作中，仅仅购买书籍就花费了好几万块钱。我所阅读之书，并不仅仅限于语文教学这一狭窄的范围，而是远远越出了语文教育教学的范畴，比较杂。因此，多年来，我充分利用自己知识面比较广泛的优势，采取讲座的方式，向学生传递有关知识。

（1）美学欣赏讲座。美学知识是与学生的学习、生活密切相关的知识。在学生的日常生活中，他们时刻都在追求着美。但是，他们都把美仅仅理解为外在的美丽，比较肤浅。我向学生传递的主要美学知识有：什么是美、美的特点、欣赏美与创造美等。学生掌握了这些初步知识，就能够树立正确的审美观，不至于片面理解美，不至于毁坏美，从而树立创造美的基本理念。

在内容上，我主要结合学生的日常学习和生活，尽量利用来自生活的实例，向学生进行解释，帮助学生理解与掌握，让学生感觉到真正的美就在他们身边，就在他们心里，劳动创造美。当然，在今天的社会，蛮干创造不了美。懂得美，会欣赏美的人，才能创造出美的事物，美的人。

这样的传播方式，对学生而言是有益的。一些早已毕业的学生在与我聊天时，还会聊到关于美的讲座。

在当年，我至少做了美的扫盲工作，向学生普及了一点美的知识。

（2）文学欣赏讲座。文学欣赏是与学生息息相关的事情。在他们的语文学习及课外阅读中，文学欣赏都是对学生文学素养的挑战，向他们传递相关知识很有必要。

文学欣赏，是比较复杂的事情。为了让学生了解一些常识性的知识，我从基本的欣赏知识入手，再分门别类地进行相关知识的介绍。例如中国文学、外国文学、中国古代文学等，分别向他们介绍有关知识。为了缩短与学生的心理距离，我在向学生介绍知识的过程中，主要举了语文课文中文学作品的例子，引领学生怎样进行欣赏。像《故乡》《我的叔叔于勒》《变色龙》等经典课文，就是极好的欣赏佳作。

我还结合中考古诗文测试题，向学生介绍欣赏的方式方法，深受学生的欢迎。

我有时还进行专题文学欣赏讲座，例如怎样欣赏小说中的人物、怎样欣赏古诗词等。这样的讲座更受学生欢迎，弥补了他们知识上的缺陷，又可以提升他们的语文素养，还可帮助他们在考试中多拿分，一举多得。学生不欢迎都不可能。

（3）书法欣赏讲座。书法是中国艺术的瑰宝，为中国人所喜爱。现在，书法已经列入中小学课程。但由于种种原因，在中小学要普遍开设书法课，还有一定困难，但我们可以向学生传播书法知识，引领学生欣赏书法，这是可以做到的。

我不擅长书法，但我喜欢欣赏他人的书法。我也通过自己的课余阅读，多少了解到一些零碎的书法知识。更何况语文课本后面的附录中，有这方面的内容。所以，讲座时，我密切结合课本后面的书法欣赏知识，引导学生从最基本的知识入手，掌握一些奠基性知识，为他们今后的发展指明道路。

学习的舞台是宽广的，发挥班主任自身的特长，向学生传播相关的知识，很有必要。这样的做法，既不增加学生的学习负担，也不耽误他们的学习时间。我基本上利用学生课外的时间，时间控制在一节课之内。对学生而言，可以接受。

为学生的发展奠定基础，乃至引领方向，不是面对某一位具体的学生，而是面对全班所有学生。这些学生，他们各自的基本素养、爱好、特长都不相同，作为班主任就要多为他们准备一些知识来垫底，也可以说，这是为学生将来的发展建立一个超市，准备好充足的货物，供他们未来去选择。这些知识，对他们眼前的学习和生活都是有帮助的。例如美学知识，对他们的审美情趣，乃至创造美都将产生倾向性的影响。也就是说，既有现实的价值，又将产生长远的影响。文学欣赏、书法欣赏都是这样。

既然着眼于未来，就要为学生的未来准备好丰厚的素材，他们才能根据各自的个性发展需要进行选择。

警惕晕轮效应，客观看待学生

晕轮效应，一般指人际交往中，人们身上所表现出来的某一特征，掩盖了其他特征，因而造成人际认知的障碍。这实际上是由于人们主要是根据个人的好恶来进行判断，再推论出认知对象其他方面的品质。如认为漂亮的人其他方面也优秀。如果认定认知对象是好的，他就会在这种"好"的光圈笼罩下被赋予一切美好的品质；相反，如果认定认知对象是坏的，他就会被这种"坏"的光环所笼罩，他的所有品质都会被认为是坏的。最为简单的概括就是以偏概全，爱屋及乌。

这种爱屋及乌似的知觉品质或特点，有人认为它像月晕的光环一样，向周围弥漫、扩散，所以就被人们形象地称为晕轮效应或光环效应。现实生活中，名人效应就属于晕轮效应。我们在电视上看到那些名人做的广告，就是利用了这一原理。名人的文章容易发表，名人写的书容易出版，也是这个原因。

两个相互爱慕的青年男女在一起，他们觉得双方身上全是优点，没有缺点，所谓"情人眼里出西施"。

以貌取人，以服装定地位、性格，以分数看人等，都是晕轮效应的结果。

在我们的班级管理中，这种一好百好、一丑百丑的现象比比皆是，只是我们没有自觉意识到而已。但是，没有自觉意识到并不证明不存在。

班级工作中，班主任很容易犯的一个错误就是：凭自己的主观臆断处理问题。

有这么一件事：10多年前，班上一位住宿生的被子被烟头点燃，烧了将近一半。查了很久都没有结果。于是，大家都把目光投向班上一位平时自由散漫、吊儿郎当的同学。他确实不那么遵守纪律，喜欢独来独往，大家就很容易把他与烧他人被子的事联系在一起，实际上并没有确切的证据。虽然我没有找他谈话，也没有认定一定是他，但大家的心里仿佛都有数。这件事被暂时搁置起来。可是，两天后，真相大白。有同学反映其他班的某某提早来到学校，还在宿舍内抽烟。赶紧把他叫来询问，他虽然一开始不承认，但在我的反复劝说下，最终还是承认了就是他干的，不过他并非有意为之。

差一点造成了冤案。

当时大家竟然一致认定就是那位吊儿郎当的同学，主要原因在于夸大了他不守纪律的一面，甚至把他不守纪律与干坏事直接挂起钩来。实际上，只要大家认真思索一番就可以明白：不那么遵守纪律与干坏事之间存在必然联系吗？不守纪律就一定会导致干坏事吗？不守纪律的人虽然给人的印象差，但一定就差到会干坏事吗？只要思考了这几个问题，那种怀疑就不存在了。如果我们当时一直保持那种怀疑态度，在此后的工作中，就很有可能对那位同学造成不良影响。好在后来真相大白了，为他洗刷了冤屈，让他保持了清白。

老师的工作需要特别谨慎，稍微一点疏忽就可能造成冤案，就会在学生心里蒙上一层阴影。

现实中，有时候师生关系紧张，也与班主任糊涂断案有关。

有位班主任，学生报告班上一桌子被损坏。学生们怀疑是班上的一位男生损坏的。班主任在上课时，不问青红皂白，竟然当着全班同学的面质问那位同学为什么要损坏同学的桌子。

那位男生被老师这突然的质问弄得不知如何回答，竟然直接与班主任吵起来了，还差点动起手来。好在班主任当时可能已经意识到了什么，就直接叫那位学生课后到办公室去交流，事件才平息下来。后来，真正损坏桌子的同学也意识到了问题的严重性，就向班主任主动承认了自己的错误，事情才获得圆满解决。

人都存在着厌恶被冤枉的心理。学生也是这样。他们都是普通人，与成人一样，都希望老师不戴有色眼镜看待自己。

我们可以假设，如果班主任继续与那位被冤枉的同学较真，很可能发生肢体冲突，后果就会严重许多。在事实没有弄清楚的情况下，老师最好不要轻易表态，先把事实调查、了解清楚了之后再做判断、再表态也不晚。老师的判断一旦做出，如果是错误的，要主动承担责任，及时向学生道歉，获得学生的理解，否则，会因自己的过失让学生背上黑锅，学生则可能会一辈子讨厌你，一辈子不原谅你。这倒不是说学生一定很坏，而是你本人的工作失误给人家的心灵造成了严重的伤害。

老师，请谨记：没有调查就没有发言权。调查之后再做判断。

我校住宿生多，大部分学生都在学校住宿。一天下课后，班上的秦突然跑过来说，他的20块钱放在抽屉里，课间活动时不见了。他告诉我，他的同桌聪的可能性极大。一是因为他是班上家里最穷的学生。二是整个课间时间他都在原位，哪都没去。我让他把聪叫到办公室来。不一会儿，聪来了，问我何事，我说：你别装了，什么时候偷的，老老实实说出来，剩下多少钱也还给人家。看得出，聪对我的问话一头雾水，不知所云。我还警告他：装得再好也没用，事实就是事实。不老实承认，会叫家长来学校。他哭了，流着眼泪，坚决不承认偷了同学的钱。我只好暂时让他先回去，仔细想清楚，第二天再处理。

第二天，还没上课，一同学跑到办公室说，是班上的亮偷的，证据确凿。我又让他把亮叫来。亮来了，一进门，他就低着头，仿佛心虚的样子。我让他老实承认，否则，学校会处理。在强大的压力下，他只好承认了。

说句实在话，我怎么也不会相信就是亮偷的。亮是班上成绩数一数二的学生，每次考试，总分都在班上前几名，而且平时表现也不错。他怎么会去偷别人的钱？班上很多同学都不相信，不仅是我。但事实摆在那里，不可否认。一个学习成绩好，表现也不赖的学生，竟然做起了小偷！太让人跌眼镜了。

学习好，表现好，这是一个好学生的典型表现，这根本就与小偷联系不上。太出人意料了。

其实，认真想一想也不奇怪：亮毕竟还是个孩子，一个未成年人。

当今社会，诱惑太多，诱惑太大。一些人在巨大的诱惑面前把持不住，做出了让人大跌眼镜的事，也合乎常理，虽然会遭到社会舆论的谴责。成年人如此，孩子呢？更是这样。他们在好吃的、好玩的商品面前，控制不了自己也不是不可能。据亮自己说，当时因为他看中了一个漂亮的文具盒，很想买，家里却不给钱，秦则正好露出了他的钱，所以见钱起意，顺手牵羊，偷了人家的钱。亮的这种做法，可以理解，但不可饶恕，必须受到批评。鉴于他承认错误的态度较好，我并没有叫他家长来学校，只是严厉批评了他，要他保证以后不再犯类似的错误。他不但接受了批评，也做出了保证。

学习好、表现好的光环完全遮盖了他的小偷行为，让我，也让全班同学根本就不会怀疑到他头上，并且继续按着这样的思路看待亮。他身上的缺点，被优点所掩盖，真相大白之后大家才恍然大悟。

事实面前，我不得不承认，自己的眼睛已经变成有色的了，必须矫正过来，必须客观对待学生，不带个人感情色彩地对待每一个学生。否则，就会造成工作上的失误，也给学生造成伤害。

前面所提到的那位因偷西瓜而被取消了参加全县数学竞赛的学生，我对他的态度也是这样。他学习成绩好，尤其是数学成绩好，足以获得参加数学竞赛的资格。但他那种偷窃行为，损坏他人财物的行为又是不能容忍的。所以，我并没有因其学习成绩好而庇护他，而是批评他的错误，支持学校取消他参赛资格的决定。

多年来，我养成了一种习惯，眼睛里绝对含不得沙子，一看见学生的不良行为，不管是谁都会指出，甚至批评。不管他学习成绩如何，平时的表现如何，与我的关系怎样。班上一些学习成绩优秀的学生，也挨过我不少批评。只不过，所受批评的次数少一些而已。

成长中的学生，他们偶尔犯错误在所难免，老师不应该因为主观的因素而宽容，而庇护。该批评时就批评，该表扬时就表扬。该批评时出于主观原因而不批评，就等于助长他的缺点，纵容他犯错误。那是在害他，不是在帮他。

"人一半是天使，一半是魔鬼。"老师的责任，就是要呵护他们天使的一面，给予养护；遏制其魔鬼的一面，不让其肆虐。尤其是对孩子，更应这样。

警惕超限效应，掌握好尺度

一次，美国著名作家马克·吐温去听一位牧师演讲。一开始感觉牧师讲得还不错，准备捐款。但是，过了10分钟，牧师仍然讲个没完。马克·吐温有点不耐烦，打算只捐点零钱。又过了10分钟，牧师仍然还没讲完，于是，他决定不捐款了。牧师终于结束演讲，开始募捐活动时，马克·吐温过于气愤，不但分文未捐，还特地从盘子里拿走了2元钱。这种因刺激过多或作用时间过长而引起逆反心理的现象，就叫作超限效应。

我们也有过这样的体验：当你进了一家超市，本打算挑选某一商品时，一位促销员走过来，手里拿着一种产品在不停地介绍。刚开始时，你可能确实心动了，有购买的欲望。但这位促销员还在不停地介绍、劝说，这时，你就有点不耐烦，打消了想买的念头。几分钟过去了，促销员还在介绍，你可能就受不了了，干脆逃离了。过长时间地介绍，让人心烦。

班级工作中，某学生违反了纪律时，作为班主任，你教育了他多次，学生就会从不耐烦到反感，最后，还可能被"逼急"了，说出"我偏要这样"的话，让你感到震惊。

一般而言，班主任都有一张婆婆嘴，同样的问题，总是反复强调。似乎不反复强调学生就不会放在心上，而强调的次数越多，学生的印象就会越深刻。

教育要讲求效果，就得注意方式方法。正面教育警示，这些都有必要，但要防止过于频繁，使教育的效果打折扣。主观愿望与实际效果并不是对等的，有时候还可能呈现反比例关系。

要走出超限效应的困境，教师须走出自我中心的境地。自我中心就是教师凭自己的主观愿望去行事，以自己的想象代替客观的实际，总是以为对学生说得越多，做得越多，效果就越好。

当前的学校教育中，安全教育提到了无以复加、至高无上的地步。安全教育检查多，安全设施检查多，安全宣传材料多。基本上，某个地方发生了安全事故，上面就会把相关的资料发到下面的学校，要求学校进行警示教育。几乎每一个星期都要上安全教育课，频繁地对学生进行安全教育。

作为班主任，这是必须绝对执行的，而且不能打半点的折扣。这叫作安全经天天念。问题是，是否念的次数越多，效果就越好？并非如此。根据超限效应的基本原理，同样或类似的内容，诉说次数过多，超过了学生的心理承受能力，就走向反面，学生会产生厌恶情绪。

安全教育固然必要，学生的人身安全是学生生命存在之必需。学生的学习和生活过程中，自我安全意识、自我保护意识等，都是学生必须具备的。但是，必须具备，并不意味着可以无限制地强制灌输。那种反复强制进行灌输的教育方式，其效果就很值得反思。

"己所不欲，勿施于人。"自己所不想要的，也不要强加给别人。这也是走出困境的法子。由于到底重复多少次才合适，完全是根据个人的心理感受来确定，教师就要站在学生的立场上，互换角色，设身处地为学生着想，不要仅仅凭借着自己的主观想象去与学生打交道，去教育引导学生。

每年高考、中考结束时，学生们的撕书现象，就是比较典型的超量学习带来的直接后果。几乎每一所中学，在这个时候，都可以看到撕书现象，看了让人触目惊心。这其实就是长期紧张学习之后放松心理的体现。他们每天经受着反复进行的模拟考试，学习的强度不断加大，学生心理承受能力已经到了极限。长时间紧绷的弦，突然松弛后，却没有见到预想的好结果，多么让人失望，多么让人感觉奋斗不值。

超量的学习，过重的负担，都大大超过了学生的心理承受能力。特别是一些教师的简单重复的话语，固定了的思想观念，不变的话语方式，让学生处在极度简单乏味的环境之中。学习过程中，他们忍气吞声，没有与教师对抗，就已经是忍耐力很强了。

坚持学生立场，这是走出这一困境的根本。我们长期以来总是坚持反复向学生进行灌输式教育的一个重要原因就是低估了学生。

学习中，一个简单的问题，本来老师讲解了一遍之后，学生已经弄懂了，根本不需要再进行解释，老师却变着方式继续喋喋不休地反复讲解，直到学生听得昏昏欲睡才罢休。更有甚者，简单的知识点，偏要故弄玄虚，绕弯子，把学生绕得头晕脑涨。教育学生时，一个简单的道理，我们可能要花费几十分钟的时间去进行"谆谆教诲"，直到学生听得厌烦才罢休。可能还沾沾自喜，自以为教育得法，非常有耐心。上课过程中，若有学生偶尔违纪，竟不惜放下正在上的课，对学生进行一番冗长的说教，耽误了学生宝贵的学习时间。

这是纯粹的教师立场、低估学生能力的结果。你我可能都是这样的主角。很多内容，实际上只要点到为止，根本不需要过多地讲解。繁杂的解释，反而让学生糊涂，让学生反感。

有所学校，一位年级主任很喜欢去做学生的思想工作，常常到教室里去对学生进行思想教育。一开始，学生觉得新鲜，也会认真倾听。但是，过了一段时间之后，学生们发现，主任讲的内容，每次都差不多，他们听了前面的，基本上知道他后面要讲什么，厌烦了。这种简单无新意的做法，只会让学生厌恶。